RAPPORT

SUR

LA MISSION HYDROGRAPHIQUE

DE MADAGASCAR

(ANNÉES 1888-1889-1890)

PAR

M. MION

SOUS-INGÉNIEUR HYDROGRAPHE DE 1ʳᵉ CLASSE

(Extrait des *Annales hydrographiques*, 1894)

PARIS

IMPRIMERIE NATIONALE

M DCCC XCIV

RAPPORT

sur

LA MISSION HYDROGRAPHIQUE

DE MADAGASCAR

(ANNÉES 1888-1889-1890).

La mission, composée de M. Mion et de M. Fichot, sous-ingénieur de 3ᵉ classe, quittait Marseille le 12 octobre 1888, pour relever la mission précédente, dirigée par M. Favé.

M. le capitaine de vaisseau Michel, chef de la division de la mer des Indes, devait nous fournir le programme et les moyens de travail (personnel et matériel).

La première pensée de M. le commandant Michel, que nous rencontrâmes à Mayotte, fut de nous faire entreprendre le levé de la côte Est, encore peu connue; mais la création prochaine de la ligne de la côte Ouest, de Nosy Bé à Nosy Vé, modifia ses projets, et nous reçumes l'ordre de continuer les travaux commencés par M. Favé à la côte N. O.; à cet effet, l'aviso-transport la *Meurthe*, commandé par M. le capitaine de frégate Girou, était mis à notre disposition.

Avant de quitter la baie de Diégo-Suarez, nous devions effectuer le levé de la passe et du banc d'Oronjia pour permettre d'entreprendre l'installation du feu d'atterrissage et de compléter le projet de défense militaire.

Arrivés le 3 novembre à Antsirana, nous fûmes embarqués sur le stationnaire la *Dordogne* en attendant la *Meurthe* qui faisait le levé de la rade foraine de Mananzari (côte S. E.).

Pour ne pas perdre complètement notre temps, nous fîmes la topographie d'Antsirana et de ses environs, ainsi que des déterminations de latitude, que M. Favé nous avait demandées pour compléter les siennes, gênées par la brise.

Ces travaux furent poursuivis après l'arrivée de la *Meurthe*, qu'une réparation de machine devait immobiliser pendant un mois; enfin, nous appareillions, le 5 décembre, pour mouiller devant le poste d'Oronjia et effectuer la reconnaissance particulière du banc d'Oronjia et de la passe.

La description de ces différents travaux et les résultats prendront plus utilement place dans le chapitre du levé général de la baie de Diégo-Suarez, que nous avons eu, plus tard, l'occasion d'effectuer à bord de l'*Eure*.

LEVÉ DE LA CÔTE OUEST : DE NOSY SABA À LA BAIE DE MAHAJAMBA.

(Décembre 1888 ; janvier, février, mars 1889.)

Ce n'est que le 14 décembre que l'hydrographie de la côte Ouest fut entreprise à la suite du travail de M. Favé.

Notre prédécesseur s'était arrêté au parallèle de Nosy Saba, limite Sud de la carte N° 4379 ; sa triangulation cependant se prolongeait jusqu'à la pointe de Maromony ; à partir de ce point, M. Favé pensait qu'il serait très difficile, sinon impossible, de continuer régulièrement la triangulation.

Nous avons vite reconnu (et c'est un point sur lequel M. Favé avait appelé notre attention) que le plan N° 3254, provenant d'un levé anglais, était assez exact, et qu'il était suffisant d'en faire une revision, pour plus de rapidité ; c'est ce que nous nous sommes attaché à faire, mais d'une façon tellement complète et serrée qu'on peut considérer cette revision comme un véritable levé nouveau.

Nous avons cependant pensé qu'il n'y avait pas lieu de refaire, au moins pour l'instant, le levé de la baie de Narendry au Sud du parallèle de la pointe Vatonomby et du fond de la rivière Antambo.

Le plan actuel de la baie de Narendry peut offrir des inexactitudes, mais ne constitue pas de danger pour la navigation, ainsi qu'on a pu le constater plus tard ; d'ailleurs, aucun bâtiment de guerre ou de commerce n'étant appelé à naviguer dans ces parages, il y avait plus d'urgence à consacrer le peu de temps dont nous disposions à effectuer le levé des régions fréquentées par les navires, et en particulier par le futur paquebot de la côte Ouest.

A partir de la pointe de Maromony, le travail fut continué régulièrement jusqu'aux abords de la baie de Mahajamba, comprenant en particulier la baie de Moramba, appelée anciennement Mazambo.

Les *sondes* n'offrirent pas de difficultés, au moins de celles que peut causer la mer ou la côte ; malheureusement, le canot à vapeur et la baleinière que nous avions demandés en supplément ne nous avaient pas été accordés ; le White de la *Meurthe*, en mauvais état, était en continuelle réparation et fut vite hors d'usage, et il ne nous restait, pour les sondes à la côte, que des embarcations à aviron, presque inutilisables le soir à cause de la brise ; ajoutons qu'à cause des besoins du bord, il nous est arrivé de disposer seulement de deux embarcations de ce genre.

Il ne nous fut pas possible d'utiliser la *Meurthe* elle-même pour les sondes du large ; de plus, les canonnières la *Redoute* et la *Tirailleuse* allaient entrer en désarmement à cause du mauvais état de leurs tôles ; il fallut donc nous borner aux sondes à la côte et remettre les sondes du large à une époque ultérieure.

La *topographie* a été faite autant que possible à terre, et de la mer lorsqu'il y avait impossibilité de débarquer, comme cela s'est particulièrement présenté entre la pointe de Maromony et la baie de Moramba.

Jusqu'à la pointe de Maromony, la *triangulation* avait été facilitée par la présence des îles du large qui constituaient autant de sommets de triangles; mais, au Sud, la côte était en ligne droite, de hauteur uniforme et sans île au large; notre prédécesseur pensait même que le passage de la pointe de Maromony à la baie de Moramba ne pourrait peut-être se faire qu'avec des signaux flottants ou des stations à la mer.

Nous avons cependant cherché à établir une triangulation régulière par terre et avons pu arriver à la baie de Moramba par plusieurs triangles, un peu petits, il est vrai, mais dont les résultats devaient être confirmés par une station ultérieure faite par M. Driencourt dans l'intérieur.

Ces premières opérations furent pénibles et laborieuses, les mamelons de cette région sont sensiblement de même hauteur et l'on ne pouvait reconnaître et atteindre le plus élevé qu'après des excursions longues et pénibles, et encore ne disposait-on que d'horizons assez limités.

Cependant ce n'était ni la configuration du sol, ni les ravins, ni les palétuviers qui rendaient pénible cette partie de notre travail, mais la saison chaude et fiévreuse dans laquelle nous nous trouvions.

Les excursions à terre, pendant l'hivernage, sont dangereuses; nous avons eu l'occasion de le constater nous-même par deux commencements d'insolation, et M. le commandant Giron en était tellement convaincu qu'il ne nous laissait escorter que par des matelots malgaches.

Aussi, d'accord avec M. le commandant de la *Meurthe*, nous renonçâmes pour le moment à faire la grande excursion dans l'intérieur qui nous était nécessaire pour terminer la triangulation.

Pour éviter tout accident, les armements étaient composés de blancs le matin et de Malgaches l'après-midi, et cependant, le vendredi 22 février, dix fiévreux se présentèrent à l'infirmerie.

Dans ces conditions, M. le commandant Giron prolongea le séjour que faisait chaque mois la *Meurthe* à Nosy Bé, et nous restâmes dans l'inaction du 25 février au 12 mars.

Puis quand survint la mort, par accès pernicieux, de M. le lieutenant de vaisseau Porte, commandant la *Tirailleuse*, la *Meurthe* fut enlevée brusquement à l'hydrographie sans que nous eussions pu terminer les sondes du large et la triangulation.

Nous n'avons pas eu, dans la suite, l'occasion de revenir dans ces parages, et c'est notre successeur, M. Driencourt, qui fut chargé de combler cette lacune.

EXPOSÉ DES OPÉRATIONS DE TRIANGULATION.

Les stations ont été faites au moyen du théodolite Brunner à microscopes; quelques points secondaires ont été placés au moyen du théodolite Brunner à verniers.

L'observation directe par le soleil de l'azimut : *Pilier méridien de Nosy Lava — signal Nosy Saba*, au moyen du premier de ces deux instruments, nous donna, par une moyenne du matin et du soir, 10° 1′ 7″, alors que le même élément calculé au moyen des coordonnées déterminées par M. Favé, correction faite de la convergence des méridiens, était de 10° 1′ 20″.

Nous avons adopté cette dernière valeur et en avons conclu, par transformation des coordonnées de M. Favé, les nouvelles coordonnées suivantes, par rapport au pilier méridien de Nosy Lava :

	$x.$	$y.$
Pilier méridien de Nosy Lava............	o	o
S¹ Nosy Saba............................	+ 3517,3	+ 19901,9
Sommet Globe ou Ansatramahavelona.....	+ 20841,6	+ 5803,0
S¹ Nosy Lava...........................	— 1224,2	— 1182,6

Les coordonnées de la série des points entre Nosy Lava et la baie de Mahajamba sont données dans le tableau suivant :

	$x.$	$y.$
Ballon Lora............................	+ 20581,8	— 10881,6
S¹ Maromony { nouveau...............	— 19313,5	— 17778,6
S¹ Maromony { ancien.................	— 18154,6	— 16456,0
S¹ du Perruquier.......................	— 15983,1	— 23023,3
S¹ Narendry............................	— 17814,0	— 26156,4
Station auxiliaire Maromony............	— 19466,5	— 18006,8
Arbre Parasol.........................	— 33595,2	— 33831,1
S¹ Intérieur...........................	— 28877,3	— 33220,7
Arbre de la deuxième pointe Moramba....	— 33474,6	— 38176,1
S¹ de la pointe de Marolaly............	— 35514,8	— 35836,0
Palmier des cases......................	— 26452,1	— 40294,2
S¹ de la pointe Majambo................	— 38021,3	— 46361,2
Arbre fourche voisin...................	— 38031,2	— 46362,5
Signal du Cimetière....................	— 42931,3	— 50653,6

Les sommets Cône et Fausse Table n'étaient déterminés que graphiquement par des stations à la mer.

Mais, comme nous l'avons vu plus haut, ces coordonnées ne pouvaient être considérées que comme provisoires, et ce n'est qu'avec la station de M. Driencourt au sommet intérieur de Maniamba-Amba qu'on put déterminer les coordonnées définitives.

Le tableau suivant donne ces coordonnées ; celles des points principaux ont été calculées par M. Driencourt :

NOMS DES POINTS.	x.	y.	LATITUDES sud.	LONGITUDES est.	ALTITUDES.
Pilier méridien de Nosy Lava............	o	o	14° 32′ 18″,0	45° 17′ 9″,4	33
St Nosy Saba.........	+ 3516,7	+ 19901,9	14 21 30 ,3	45 19 6 ,9	32
Arbre Nosy Saba.......	+ 2673,3	+ 19277,6	14 21 50 ,6	45 18 38 ,7	44
St Antatramahavelona..	+ 20841,4	+ 5803,5	14 29 8 ,8	45 28 45 ,4	332
St Nosy Lava.........	— 1225,3	— 1183,4	14 32 56 ,4	45 16 28 ,5	107
Morne S. O. de Nosy Lava.	— 3579,0	— 4296,0	"	"	"
Ballon Loza..........	+ 20576,5	— 10878,8	14 38 11 ,5	45 28 36 ,7	221
Sommet de Nosy Soy...	— 2272,7	— 10525,2	14 38 0 ,5	45 15 53 ,5	85
St Maromony { ancien..	— 18155,7	— 16458,3	14 41 12 ,9	45 7 3 ,1	"
St Maromony { nouveau.	— 19320,2	— 17789,7	"	"	"
St du Perruquier......	— 15984,8	— 23032,4	"	"	"
St Narendry..........	— 17815,6	— 26166,6	"	"	"
Station auxiliaire Maromony.	— 19457,7	— 18022,9	"	"	"
St Maniamba Amba....	+ 9186,9	— 47386,8	14 57 59 ,8	45 22 16 ,8	277
Arbre Parasol........	— 33603,8	— 33848,3	14 50 38 ,6	44 58 25 ,4	67
St Intérieur..........	— 28879,6	— 33231,7	"	"	"
Arbre deuxième pointe Moramba..........	— 33476,9	— 38188,2	"	"	"
St de la pte de Marolahy.	— 35520,7	— 35850,8	"	"	63
Palmier des cases (détruit).............	— 26454,6	— 40306,8	"	"	"
St de la pte Majambo...	— 38023,6	— 46375,0	"	"	"
Arbre fourche voisin....	— 38033,5	— 46376,3	"	"	"
St du Cimetière.......	— 42916,0	— 50670,0	"	"	"
St Cône.............	— 37684,1	— 67381,2	15 8 49 ,5	44 56 7 ,2	136
St Fausse Table.......	— 39036,3	— 56893,1	15 3 8 ,2	44 55 22 ,5	219
St Table ou Masiaposa..	— 51016,4	— 74283,0	15 12 33 ,2	44 48 40 ,2	215

En comparant cette liste à la précédente, on voit que l'écart maximum ne dépasse pas 16 mètres, en x et en y. Nous avions, en effet, dans notre premier essai de triangulation, cherché à déterminer chaque point par deux triangles, autant que possible, et, dans le cas où nous ne pouvions passer que par un seul, à en mesurer les trois angles ; à partir de la station auxiliaire Maromony, nécessitée par la nature du terrain, nous avons employé, conjointement aux triangles, la méthode de M. Hatt qui permet d'utiliser tous les segments capables et recoupements.

Les observations de marée ont été faites tous les jours pendant les mois de décembre 1888, et janvier, février, mars 1889, à une échelle installée à Salara (Nosy Lava).

Nous avons obtenu pour ce point :

Établissement : $iv^h 20^m$;
Amplitude en vive-eau : $3^m 7$; en morte-eau : $1^m 4$.

Nous avons de même installé une échelle dans la baie de Moramba (à la pointe Nord du goulet), et des observations continues y ont été faites pendant les quelques jours qu'a duré le levé particulier de la baie. La comparaison des courbes obtenues avec celles de Nosy Lava nous ont permis d'avoir les éléments de la marée à Moramba :

Établissement : $iii^h 53^m$;
Amplitude en vive-eau : $3^m 7$; en morte-eau : $1^m 4$.

Les observations magnétiques, faites en divers points, ont été introduites dans une note spéciale [1].

DÉTERMINATION DES DIFFÉRENCES DE LONGITUDE ENTRE NOSY LAVA, MAJUNGA ET NOSY BÉ.

La *Meurthe* n'était pas seulement chargée de l'hydrographie, mais aussi des communications entre Nosy Bé et Majunga; la ligne de la côte Ouest n'était pas encore créée et nous devions chaque mois faire un voyage de Nosy Bé à Majunga et inversement pour transporter des passagers et des lettres.

Pensant qu'une triangulation méthodique ne serait pas possible dans l'avenir, nous profitâmes de ces allers et retours pour transporter le temps.

Quoique M. Driencourt ait pu relier géodésiquement Nosy Bé à Majunga, nous exposerons les méthodes et les résultats obtenus pour montrer le degré de confiance qu'on peut accorder aux observations de notre collègue M. Fichot, que nous avions spécialement chargé de la conduite des chronomètres et de la discussion des résultats.

Les différences de longitude ont été déterminées par le transport du temps au moyen de trois chronomètres : 1505 Delépine, 191 Winnerl et 313 Winnerl; les deux premiers seuls ont été utilisés pendant toute la série des traversées. Toutes les observations d'états absolus ont été faites à l'horizon artificiel, chaque observation comprenant en général quatre séries de trois hauteurs consécutives avec retournement des glaces après chaque série.

Il n'a pas été toujours possible d'observer matin et soir, en tous les points, à des intervalles égaux du méridien; aussi, chaque groupe d'ob-

---

[1] *Annales hydrographiques*, 1893, page 205.

servations a été traité isolément de telle sorte que tous les calculs particuliers soient basés sur des éléments comparables.

Les latitudes employées dans le calcul des états absolus sont celles adoptées par M. Favé. (Rapport sur la mission hydrographique de Madagascar en 1887-1888.)

LONGITUDE DE NOSY LAVA.

1° Les observations du matin correspondent à trois traversées effectuées entre Nosy Bé et Nosy Lava, ou réciproquement, avec retour au point de départ. On a déduit, des états observés, les marches moyennes des trois chronomètres pour la durée totale de chacune de ces traversées.

TABLEAU DES MARCHES.

INTERVALLES.	TEMPÉRATURE MOYENNE.	1505 DELÉPINE.	191 WINNERL.	313 WINNERL.
Du 12 au 31 décembre (19 jours)........	+ 28° 30	+ 0' 82	— 5' 93	"
Du 15 décembre au 26 janv. (42 jours).	+ 28 17	+ 0 86	— 6 15	"
Du 1er au 23 mars (22 jours).......	+ 28 83	+ 2 20	— 6 81	— 2' 94

Les marches moyennes ainsi calculées correspondent à des intervalles de temps comprenant des journées de mer et de mouillage; aussi a-t-il semblé assez illusoire de faire intervenir l'influence assez indéterminée de la température et de l'accélération avec le temps, et l'on s'est contenté de faire entrer dans les calculs les valeurs brutes des marches inscrites dans le tableau ci-dessus.

On obtient ainsi les différences de longitude suivantes :

	1re TRAVERSÉE.	2e TRAVERSÉR.	3e TRAVERSÉE.
1505 Delépine...........	2m 38' 8	2m 39' 5	2m 39' 6
191 Winnerl...........	2 38 7	2 35 1	2 39 0
313 Winnerl...........	"	"	2 38 7

Si l'on affecte chacune de ces déterminations d'un poids inversement proportionnel à la durée de la traversée correspondante, afin d'éliminer, dans la mesure du possible, l'influence de l'accélération à température constante, il vient, pour les trois chronomètres, les valeurs suivantes :

1505 Delépine.....................................	2m 39' 2
191 Winnerl.....................................	2 37 9
313 Winnerl.....................................	2 38 7

2° Les observations du soir ont été traitées d'une façon analogue.

Elles correspondent également à trois traversées complètes, avec retour au point de départ, effectuées dans des conditions très uniformes de température.

Le tableau des marches met en évidence une seule action un peu sensible, celle du temps, en particulier pour le 1505 Delépine; mais la relation qui lie ces deux éléments n'est pas linéaire et paraît troublée par la succession des séjours en rade et à la mer. Faute de pouvoir séparer nettement toutes ces influences diverses et d'ailleurs relativement faibles, on les a laissées se compenser d'elles-mêmes dans les moyennes. Les trois traversées fournissent ainsi les résultats suivants :

	1re TRAVERSÉE.	2e TRAVERSÉE.	3e TRAVERSÉE.
1505 Delépine..........	2ᵐ 38ˢ 2	2ᵐ 37ˢ 9	2ᵐ 42ˢ 2
191 Winnerl..........	2 38 6	2 40 3	2 38 3
313 Winnerl..........	″	″	2 37 3

d'où l'on déduit en donnant, comme précédemment, des poids inversement proportionnels aux durées totales des traversées correspondantes :

1505 Delépine.......................................	2ᵐ 39ˢ 2
191 Winnerl.......................................	2 38 8
313 Winnerl.......................................	2 37 3

Le tableau ci-dessous résume les résultats des diverses observations soit du matin, soit du soir :

OBSERVATIONS DU MATIN.			OBSERVATIONS DU SOIR.		
1505 delépine.	191 winnerl.	313 winnerl.	1505 delépine.	191 winnerl.	313 winnerl.
2ᵐ 39ˢ 2 3 traversées. Poids : 3.	2ᵐ 37ˢ 9 3 traversées. Poids : 3.	2ᵐ 38ˢ 7 1 traversée. Poids : 1.	2ᵐ 39ˢ 2 3 traversées. Poids : 3.	2ᵐ 38ˢ 8 3 traversées. Poids : 3.	2ᵐ 37ˢ 3 1 traversée. Poids : 1.
2ᵐ 38ˢ 6			2ᵐ 39ˢ 8		

MOYENNE GÉNÉRALE.

Pilier méridien de Nosy Bé. — Pilier méridien de Nosy Lava :

$$2^m 39^s 0 = 0° 39' 45''$$

La différence de longitude entre ces deux points déduite de la triangulation de M. Favé est de 0° 39′ 55″,6; l'écart de la détermination chronométrique est donc ici de 10″,6 d'arc.

LONGITUDE DE MAJUNGA.

1° Deux observations ont été faites le matin à Majunga aux dates du 28 janvier et du 26 février. Les marches qu'on en déduit pour les chronomètres 1505 Delépine et 191 Winnerl, comparées à celles qui résultent des observations faites antérieurement et postérieurement à Nosy Bé, dans les mêmes conditions de séjours successifs en rade et à la mer, montrent que les marches moyennes de ces deux chronomètres sont fonctions linéaires de la température, leurs coefficients respectifs étant $+0^s 62$ et $- 1^s 00$; il est dès lors facile de calculer les marches moyennes qu'on doit leur attribuer durant chaque traversée partielle. On obtient ainsi pour valeurs de la différence des longitudes :

	1505 DELÉPINE.	191 WINNERL.
Du 31 décembre (Nosy Bé) au 28 janvier (Majunga)...........................	$7^m 50^s 4$	$7^m 55^s 7$
Du 28 janvier (Majunga) au 1er mars (Nosy Bé)................................	7 51 2	7 54 9
Du 31 décembre (Nosy Bé) au 26 février (Majunga)...........................	7 51 3	7 5. .
Du 26 février (Majunga) au 1er mars (Nosy Bé)................................	7 51 1	7 54 8
Moyennes...............	$7^m 51^s 0$	$7^m 54^s 9$

Les résultats sont trop peu divergents pour qu'il y ait lieu de donner un poids à chaque détermination séparée, et l'on a pris simplement la moyenne.

Le chronomètre 313 Winnerl, reçu de France en cours de campagne, a été utilisé seulement dans la traversée du 26 février au 1er mars; on lui a attribué pendant ce court délai la marche moyenne déterminée postérieurement à Nosy Bé; d'où, pour la différence de longitude obtenue par ce chronomètre :

$$7^m 52^s 5.$$

2° Les observations du soir correspondent à une seule traversée complète à laquelle ont pris part les trois chronomètres. Durant toute la durée de cette traversée, la température de la chambre des montres est restée constante; on n'a eu à considérer aucun coefficient.

Les valeurs suivantes ont été ainsi obtenues :

1505 Delépine..	$7^m 51^s 6$
191 Winnerl..	7 51 2
313 Winnerl..	7 51 2

Le tableau ci-dessous résume les résultats des diverses observations :

OBSERVATIONS DU MATIN.			OBSERVATIONS DU SOIR.		
1505 delépine.	191 winnerl.	313 winnerl.	1505 delépine.	191 winnerl.	313 winnerl.
$7^m 51^s 0$	$7^m 54^s 9$	$7^m 52^s 5$	$7^m 51^s 6$	$7^m 51^s 2$	$7^m 51^s 2$
2 traversées avec retour.	2 traversées avec retour.	1 traversée simple.	1 traversée avec retour.		
Poids : 2.	Poids : 2.	Poids : $\frac{1}{2}$.	Poids : 1.	Poids : 1.	Poids : 1.

MOYENNE GÉNÉRALE.

Pilier méridien de Nosy Bé. — Pilier méridien de Majunga :

$$0^h 7^m 52^s 1 = 1° 58' 1'' 5$$

M. Favé avait trouvé, également par transport du temps :

$$1° 58' 10'' 6.$$

La différence de longitudes entre ces deux mêmes points, déduite de la triangulation de M. Driencourt, est de 1° 58′ 00″ 7; l'écart de notre détermination chronométrique avec ce dernier résultat n'est donc que de 0″ 8 d'arc.

2ᵉ PARTIE. — COMORES.

A la suite de la mort de M. le lieutenant de vaisseau Porte, la *Meurthe* fut enlevée à l'hydrographie de Madagascar et envoyée aux Comores à la disposition de M. le Gouverneur de Mayotte.

Nous devions profiter des occasions qui pourraient se présenter pour recueillir le plus de documents possible concernant l'hydrographie encore très imparfaite de ces îles.

Ayant eu l'occasion d'y revenir l'année suivante, nous réunirons dans ce chapitre tout ce qui concerne les Comores.

D'accord avec M. le commandant Giron, nous pensâmes qu'il y avait d'abord lieu, pour apprécier exactement le travail à effectuer et dresser un programme précis, de faire le tour de chacune des trois îles : Mohéli, Anjouan, Grande Comore.

La première était donnée d'après un croquis de Fleuriot de Langle sur la carte n° 4161; les deux autres étaient seulement représentées sur la carte générale n° 1441.

Le 16 avril 1889, au moyen d'une station faite au mât du Sultan à Fomboni (Mohéli), nous avons déterminé la base provisoire *Mât du Sul-*

tan-Kiosque de la *Meurthe* pour placer par construction graphique les points visibles de terre et du mouillage.

Le gisement (30° 10′ 10″) a été obtenu par les observations du soleil et la distance (1656 mètres) par la hauteur de la mâture.

Les 17, 18 et 19 avril furent consacrés à exécuter le croquis sous vapeur de Mohéli et à lever le plan de la petite baie qui sépare les îles Maussi et Canzuni et où la *Meurthe* avait passé une nuit.

Nous reconnûmes que cette baie, ouverte à la mer du large, ne saurait offrir aucun abri et que notre levé ne devrait être utilisé qu'à titre de renseignement pour le croquis général de l'île, et qu'il serait plus prudent de le conserver aux archives sans le publier.

La base utilisée pour ce levé particulier était :

Case des pêcheurs (*Meurthe*) : 1294 mètres.

Gisement : 196° 58′ 50″.

Le temps que nous pûmes consacrer à l'hydrographie des Comores se borna à ces trois jours, et ce n'est qu'au mois de juillet 1890 que nous eûmes l'occasion d'y revenir ; nous avions d'ailleurs été privé de la collaboration de M. Fichot, retenu dans son lit pendant presque tout le mois d'avril par un grave accès de fièvre, causé par les fatigues de l'hydrographie pendant l'hivernage.

Le 14 juillet 1890, la *Meurthe* étant mouillée devant Mutsamudu (Anjouan), nous fîmes à la pointe Mirondsi, qui sépare Mutsamudu de Patsy, les observations qui devaient nous permettre un croquis sous vapeur d'Anjouan, semblable à celui que nous avions fait l'année précédente pour Mohéli.

Les éléments de la base furent les suivants :

Distance de la station de la pointe Mirondsi au kiosque de la *Meurthe* :
2825 mètres par hauteur de mâture.
Gisement. — Station-mât de la citadelle : 202° 47′ 55″.

Au moyen de cette base, nous avons déterminé par construction graphique les points visibles de la mer et du mouillage.

Le 15 juillet, la *Meurthe* appareillait pour effectuer le croquis sous vapeur d'Anjouan, mais une grosse avarie de machine nous força encore une fois de renoncer à l'hydrographie et nous dûmes rentrer à Mayotte.

Depuis cette époque, M. le capitaine de frégate Ravel, commandant le *Boursaint*, a exécuté les levés sous vapeur d'Anjouan et de la Grande Comore que nous avons utilisés en tenant compte des déterminations effectuées par M. l'enseigne de vaisseau Diacre et par nous-même, comme nous le décrirons plus loin, en complétant ces levés par notre croquis de Mohéli.

La triangulation de Mutsamudu fut également utilisée dans la publication du plan levé par M. le commandant Ravel.

Les seules déterminations qu'il nous fut permis de faire complètement furent : 1° celles des éléments magnétiques que nous avons introduites dans une note spéciale [1]; 2° des observations de latitude et de longitude faites à Mayotte, à Anjouan et à Mohéli.

LATITUDES.

Pour que les états absolus, observés et discutés par M. Fichot, fussent comparables, nous avons observé les latitudes au mât de pavillon de Bel-Œil (Dzaoudzi-Mayotte), au mât du Sultan (Fomboni-Mohéli), à la pointe Mirondsi (Mutsamudu-Anjouan), au moyen d'un grand nombre de séries de hauteurs circumméridiennes du soleil, en utilisant le théodolite réitérateur à microscopes de Brünner.

Les résultats obtenus furent les suivants :

Mât de Bel-Œil................ 12° 46′ 55″, 0 S.
Mât du Sultan à Fomboni........ 12° 16′ 29″, 0 S.
Station à la pointe Mirondsi...... 12° 9′ 7″, 5 S. d'où, par triangulation, minaret de la mosquée de Mutsamudu :

12° 9′ 37″ Sud.

LONGITUDES.

On a adopté comme longitude de départ celle du mât de pavillon de Bel-Œil, à Dzaoudzi (Mayotte) 42° 56′ 15″ E., résultant de la discussion faite par M. Caspari (*Annales hydrographiques*, 1er semestre de 1886).

Deux traversées, très courtes, effectuées dans des conditions presque uniformes de température, ont permis de relier à ce point fondamental la pointe de Mirondsi (Anjouan) et le mât du Sultan à Fomboni (Mohéli).

Quatre chronomètres ont concouru à ces déterminations :

1505 Delépine, 191 Winnerl, 348 Leroy et 587 Leroy.

Toutes les observations d'état absolu ont été faites à l'horizon artificiel, chaque observation comprenant en général quatre série de trois hauteurs consécutives, avec retournement des glaces entre chaque série.

Comme, en chaque point, il a été possible d'observer matin et soir, à des intervalles égaux du méridien, on a basé les calculs sur les valeurs moyennes des observations d'un même jour, sans considérer chaque groupe isolément; les latitudes employées dans le calcul des états absolus ont été déterminées, en chaque point, comme nous l'avons déjà vu, au

---

[1] *Annales hydrographiques*, 1893, pages 205 et suivantes.

moyen du théodolite réitérateur à microscopes, par des séries de hauteurs circumméridiennes.

TABLEAU DES ÉTATS OBSERVÉS.

DATES.	LIEUX D'OBSERVATION.	1505 DELÉPINE.	191 WINNERL.	348 LEROY.	587 LEROY.
		+		—	—
9 juillet, o....	Dzaoudzi...	o^h 25^m 4^s,3	+ o^h 1^m 42^s,5	4^h 31^m 24^s,3	o^h 57^m 38^s,o
12 juillet, o....	*Idem*......	25^m 12^s,4	+ 1^m 22^s,8	31^m 36^s,1	57^m 38^s,6
14 juillet, o....	P^te Mirondsi.	28^m 45^s,5	+ 4^m 38^s,5	28^m 16^s,4	54^m 11^s,7
17 juillet, 5....	Dzaoudzi...	25^m 28^s,4	+ o^m 51^s,3	31^m 57^s,9	57^m 39^s,2
21 juillet, o....	*Idem*......	25^m 38^s,5	+ o^m 32^s,7	32^m 11^s,o	57^m 40^s,8
24 juillet, o....	Fomboni...	31^m 52^s,1	+ 6^m 21^s,4	26^m 17^s,2	51^m 37^s,1
29 juillet, o....	Dzaoudzi...	26^m 4^s,o	— o^h o^m 8^s,8	32^m 38^s,3	57^m 41^s,1
2 août, o.....	*Idem*......	26^m 16^s,o	— o^m 29^s,7	32^m 52^s,5	57^m 41^s,1

Les marches, en rade, ne diffèrent pas sensiblement des marches moyennes durant les traversées; en mettant en regard des premières les températures moyennes de la chambre des montres, on obtient le tableau suivant :

DATES.	TEMPÉRATURE MOYENNE.	1505 DELÉPINE.	191 WINNERL.	348 LEROY.	587 LEROY.
Du 9 juillet, o, au 12, o...	+ 26°,47	+ 2^s,70	— 6^s,57	— 3^s,73	— o^s,20
Du 17 juillet, 5, au 21, o...	+ 26°,27	+ 2^s,89	— 5^s,31	— 3^s,74	— o^s,46
Du 29 juillet, o, au 2 août, o.	+ 25°,70	+ 3^s,oo	— 5^s,22	— 3^s,62	o^s,oo

On voit que les trois premiers chronomètres sont régulièrement affectés par la température, et qu'on satisfait très sensiblement à leur loi de variations en leur attribuant les coefficients

— 0^s,30   — 0^s,16   — 0^s,18.

Les petites inégalités résiduelles, ainsi que les variations du 587 Leroy, peuvent être considérées comme étant l'effet de l'accélération à température constante; mais cette action, très faible, se compensera d'elle-même dans les moyennes, sans qu'il soit besoin de faire intervenir un coefficient d'accélération.

Voici maintenant les résultats obtenus pour chacun des points :

Longitude de la pointe Mirondi (Anjouan). — Pendant la traversée d'aller, du 12 juillet, 0 (Dzaoudzi), au 14 juillet, 0 (Mutsamudu), la température moyenne est de $+ 25° 65$; il en résulte pour chacun de nos chronomètres les marches suivantes :

$$+ 3^s,01 \qquad - 5^s,94 \qquad - 3^s,60 \qquad - 0^s,33$$

d'où pour la différence des longitudes entre Dzaoudzi et Mutsamudu les quatre valeurs

$$3^m 27^s,1 \qquad 3^m 27^s,6 \qquad 3^m 26^s,9 \qquad 3^m 27^s,6.$$

Nous avons maintenant la traversée de retour, du 14 juillet, 0 (Anjouan), au 17 juillet, 5 (Dzaoudzi) pendant laquelle la température moyenne est de $+ 25°,43$, d'où l'on conclut les marches

$$+ 3^s,07 \qquad - 5^s,94 \qquad - 3^s,56 \qquad - 0^s,33$$

et, par suite, les différences de longitude :

$$3^m 27^s,8 \qquad 3^m 26^s,4 \qquad 3^m 29^s,0 \qquad 3^m 26^s,4.$$

Afin d'éliminer, autant que possible, la petite inégalité provenant de l'accélération à température constante, il est naturel de donner à chaque détermination un poids inversement proportionnel à la durée de la traversée correspondante; on obtient ainsi les quatre valeurs très concordantes :

$$0^h 3^m 27^s,3 \qquad 3^m 27^s,3 \qquad 3^m 27^s,6 \qquad 3^m 27^s,3$$

dont la moyenne générale est

$$0^h 3^m 27^s,4.$$

Longitude du mât du Sultan, à Fombeni. — Nous avons également deux traversées, l'une de 3 jours, l'autre de 5. La première avec une température de $25°,97$ nous fournit les marches :

$$+ 2^s,95 \qquad - 5^s,26 \qquad - 3^s,68 \qquad - 0^s,23$$

et les différences de longitude :

$$6^m 4^s,8 \qquad 6^m 4^s,5 \qquad 6^m 4^s,8 \qquad 6^m 4^s,4.$$

La seconde, dont la température moyenne est de $+ 25°,38$, conduit aux marches :

$$+ 3^s,13 \qquad - 5^s,17 \qquad - 3^s,57 \qquad - 0^s,23$$

et aux différences de longitude :

$$6^m 3^s,7 \qquad 6^m 4^s,4 \qquad 6^m 3^s,3 \qquad 6^m 2^s,9.$$

La combinaison de ces deux séries, avec des poids inversement proportionnels aux temps, donne les résultats définitifs

$$6^m 4^s,4 \qquad 6^m 4^s,5 \qquad 6^m 4^s,2 \qquad 6^m 3^s,8$$

dont la moyenne générale est

$$0^h 6^m 4^s,2.$$

POSITIONS DÉFINITIVES OBTENUES PAR COMPARAISON AVEC LES OBSERVATIONS DE DIFFÉRENCES DE LONGITUDE FAITES PAR M. L'ENSEIGNE DE VAISSEAU DIACRE, À BORD DU *LIMIER* (OCTOBRE 1886).

(Applications aux cartes 4805 et 4806.)

Mayotte. — Dzaoudzi. — Les observations d'états absolus de M. Diacre ont été faites, comme les nôtres, au mât de pavillon de Bel-OEil.

Nous conserverons la latitude que nous avons observée dans d'excellentes conditions, et adopterons, comme M. Caspari et comme M. Diacre, la longitude 42°56′15″.

Mât de pavillon de Bel-OEil (Dzaoudzi-Mayotte) :

(1) Latitude :   12°46′55″ S.
     Longitude : 42°56′15″ E.

Anjouan. — Nous avons obtenu pour la latitude de la pointe Mirondsi . . . . 12°9′7″,5
et, par triangulation, pour le minaret de Mutsamudu . . . . 12°9′37″

La différence de longitude pour la pointe Mirondsi est de . . . . 3^m 27^s,4 ou — 0°51′51″

Réduction au minaret . . . .   — 13″
                                                      ────────────
d'où : Différence de longitude du minaret . . . .   — 0°52′4″

et longitude du minaret :

42°4′11″ E.

M. Diacre, par des observations analogues, a trouvé pour le minaret de Mutsamudu

12°9′15″ S. et 42°4′16″ E.

Nous adopterons la moyenne des résultats de M. Diacre et des nôtres, soit :

Minaret de Mutsamudu :

(2)
Latitude :   12°9′26″ S.
Longitude : 42°4′13″ E.

Mohéli. — Les observations de M. Diacre, comme les nôtres, ont été faites au mât de pavillon du Sultan, à Fomboni; elles ont donné :

12°16′32″ S. et 41°25′5″ E.

Les nôtres donnent :

12°16′29″ S. et 41°25′12″ E.

Nous adopterons la moyenne, soit :

Mât du Sultan de Fomboni :

(3)
Latitude :   12°16′30″ S.
Longitude : 41°25′ 8″ E.

Nous n'avons pas eu l'occasion d'effectuer les mêmes déterminations pour la Grande Comore, mais la concordance de nos résultats avec ceux de M. Diacre, qui proviennent également d'une traversée aller et retour, nous conduisent à adopter la position qu'il a obtenue :

Mât du Sultan de Moroni :

(4)
Latitude :   11°40′44″ S.
Longitude : 40°55′17″ E.

Ce sont les positions (2) (3) et (4) que nous avons adoptées dans la publication des cartes 4805 et 4806, provenant en partie des levés sous vapeur de M. le commandant Ravel.

Nous avons eu l'occasion, du mât de pavillon du Sultan de Fomboni (Mohéli), de déterminer les gisements du pic d'Anjouan et du sommet Kartala de la Grande Comore.

Pic d'Anjouan. . . . .   84°25′57″
St Kartala (probablement). . . . .   324°50′23″

3ᵉ PARTIE. — CÔTE OUEST DE MADAGASCAR.

Après la tournée de la *Meurthe* aux Comores, en avril 1889, les travaux hydrographiques furent interrompus jusqu'au mois d'octobre.

La création de la ligne du paquebot de la côte Ouest, le *Mpandjaka*, augmentait l'urgence de la reconnaissance de cette partie de Madagascar; déjà, M. le commandant Michel, sacrifiant ses préférences personnelles pour la côte Est, nous avait prescrit de continuer le travail commencé par notre prédécesseur à la côte N. O.; mais la *Meurthe* n'était malheureusement pas affectée seulement à l'hydrographie, et les opérations n'avançaient que bien lentement; il était cependant de toute nécessité de donner le plus rapidement possible au *Mpandjaka*, comme aux navires de la division, les plans des mouillages et des renseignements sur leurs atterrissages, en commençant, au point de vue de l'urgence, par les points de relâche du *Mpandjaka* et complétant par les différents mouillages appelés à être utilisés par suite du mauvais temps ou d'autres circonstances.

Déjà, par suite de l'insuffisance des cartes, le *Beautemps-Beaupré* avait failli se jeter à la côte près de Tulléar, le *Boursaint* s'était échoué sur un récif inconnu entre Belo et Ampasilava, et le *Mpandjaka*, à son premier voyage, avait été sur le point de se perdre dans les environs de Maintirano.

Dans une lettre, datée du 16 août 1889, nous recevions de M. le capitaine de vaisseau Prouhet, alors chef de division, l'ordre de *mettre au clair* la route suivie par le nouveau paquebot le *Mpandjaka* en faisant le levé des ports où il faisait escale et en commençant par Nosy Vé et la baie de Saint-Augustin.

M. le commandant Giroa recevait en même temps des ordres identiques, et la *Meurthe* était affectée à ce travail du 1er octobre à la fin de décembre 1889.

Le *Boursaint* était alors en station à Nosy Vé, la présence d'un navire de la division ayant été reconnue indispensable pour la sécurité du résident et des traitants, et c'est pour le relever que la *Meurthe* devait commencer son travail par le Sud.

Le programme était vaste et nous ne pouvions songer à faire en quatre mois le levé définitif de la côte Ouest de Madagascar, de Nosy Vé au cap Saint-André; nos efforts devaient donc tendre à utiliser les courts séjours que nous faisions à chaque mouillage pour effectuer des levés définitifs, quoique rapides, et, tout en nous conformant aux ordres de M. le commandant Prouhet, d'avancer autant que possible l'hydrographie générale de Madagascar.

Baie de Saint-Augustin. — De Nosy Vé à Tulléar. — (Voir le plan N° 4715.) — La première partie du travail a été faite méthodiquement et en détail; le séjour imposé à la *Meurthe*, dans la baie de Saint-Augustin, du 1er septembre au 18 octobre, nous a permis de faire un levé précis de la région comprise entre Nosy Vé et Tulléar.

Nos opérations comprennent : 1° une revision très complète de la partie Sud du plan anglais N° 692, levé en 1882 par le *Fawn*, s'étendant entre Nosy Vé et Sarodrano; 2° le levé complet de Sarodrano à Tulléar.

Pour la première partie, le plan du *Fawn*, suffisamment exact en ce qui concernait les sondes, offrait moins de garantie pour la triangulation et la topographie que nous fûmes amené à refaire complètement; nous

nous sommes borné, pour les sondes, à reprendre les abords et le mouillage de Nosy Vé ainsi que les abords de la rivière Onilahy; le reste, c'est-à-dire la partie située entre le grand récif et la presqu'île de Sarodrano fut reconnu, après quelques sondes complémentaires, suffisamment exact pour qu'on pût l'utiliser.

La deuxième partie, provenant d'Owen, n'était qu'un croquis rudimentaire et inexact et fut refaite complètement jusqu'à la baie située au Nord de la passe de Tulléar.

COORDONNÉES GÉOGRAPHIQUES DU PILIER MÉRIDIEN DE NOSY VÉ.

Latitude : 23° 38′ 58″ Sud.
Longitude : 41° 15′ 50″ Est ou 2ʰ 45ᵐ 3ˢ.

Ces résultats, adoptés par M. Caspari dans sa note sur des positions géographiques dans la mer des Indes, ont été déterminés par le Révérend Perry en 1882 à l'occasion du passage de Vénus; la longitude a été rapportée au cap de Bonne-Espérance et à Durban au moyen de 12 chronomètres avec des vérifications par culminations et occultations.

MESURE DE LA BASE.

Par ses dimensions et sa position, l'île de Nosy Vé ne pouvait convenir à la mesure d'une base; le seul endroit vraiment favorable que nous pûmes trouver fut une grande lagune s'étendant derrière le village de Tulléar. C'était un terrain nivelé par la mer aux grandes marées et tellement plat que nous n'eûmes pas à utiliser nos chevalets de base.

Les mesures ont été faites au moyen d'un ruban d'acier de 20 mètres. Pour plus de rapidité, nous partageâmes la base en cinq tronçons qui furent mesurés séparément deux fois; deux d'entre eux furent même l'objet d'une troisième mesure, les deux premiers résultats différant de 3 centimètres. Voici d'ailleurs le tableau des opérations :

					MOYENNES.
Tronçons...	1ᵉʳ....	211,674	211,705	211,704	211,6943
	2ᵉ....	213,247	213,267	⸗	213,2570
	3ᵉ....	250,100	250,115	⸗	250,1075
	4ᵉ....	256,317	256,284	256,300	256,3003
	5ᵉ....	245,805	245,800	⸗	245,8025
	Total........................				1177,1616

Longueur de la base : 1177ᵐ 162.

L'azimut de la base fut déterminé à chacun des deux termes par des hauteurs des bords inférieur et supérieur du soleil au moyen du théodolite Brunner à microscopes.

Le procédé qui semblait au premier abord le plus rationnel consistait à déterminer aux mêmes points la latitude à employer dans les calculs, mais nous nous trouvions à une époque de l'année où l'observation des latitudes par les culminations du soleil ne donnait pas de très bons résultats, et nous avons cherché à utiliser la latitude déterminée par le Révérend Perry, à Nosy Vé, avec toute la précision que peut donner une lunette méridienne.

Nous allons décrire le procédé, par approximations successives, que nous avons employé :

1° Pour la première approximation, nous nous sommes contenté d'employer la latitude déduite, sur le plan anglais N° 692, de celle du pilier méridien de Nosy Vé et nous avons eu la première valeur approchée de l'azimut :

Terme Sud — Terme Nord............ 322° 16′ 41″;

2° Avec ce gisement et la longueur de la base, nous avons déterminé par construction graphique les différents points de triangulation jusqu'à Nosy Vé, ce qui nous a donné une deuxième approximation de la différence des latitudes du pilier méridien de Nosy Vé et du terme Sud; d'où :

Latitude du pilier méridien de Nosy Vé....	23° 38′ 58″
Différence des latitudes entre le pilier et le Terme Sud...........................	15 20
Deuxième approximation de la latitude du Terme Sud...........................	23° 23′ 38″

Avec cette nouvelle valeur, nous avons calculé l'azimut de la base et nous avons obtenu :

322° 16′ 00″,

et nous sommes parti de ce résultat pour faire un premier calcul de triangulation.

Le tableau qui suit donne, sous la rubrique : *Anciennes coordonnées*, les positions obtenues.

Nous avions alors entre le pilier méridien de Nosy Vé et chacun des deux termes une différence de latitude suffisamment exacte pour avoir un azimut définitif de la base.

Nous avions en effet :

Pilier méridien de Nosy Vé......	23° 38′ 58″	....	23° 38′ 58″
Différence avec le Terme Sud....	16 13	Différence avec le Terme Nord...	16 43
Latitude du Terme Sud.........	23° 22′ 45″	Latitude du Terme Nord	23° 22′ 15″

d'où :

$$\text{Azimut de la base} \begin{cases} \text{observé au Terme Nord.} & 322° \ 16' \ 9'' \\ \text{observé au Terme Sud.} & 322 \ 16 \ 15 \end{cases}$$

Les résultats s'accordent suffisamment pour que nous soyons en droit d'adopter la moyenne pour valeur définitive :

Gisement Terme Sud — Terme Nord de la base. 322° 16′ 12″

Le tableau *Anciennes coordonnées* provenait de l'azimut provisoire

322° 16′ 00″;

il n'y avait donc plus qu'à faire tourner la base de 12″ dans le sens des aiguilles d'une montre.

Les nouvelles coordonnées x' et y' sont alors reliées aux anciennes par les relations

$$x' = x + y \sin 12'',$$
$$y' = y - x \sin 12''.$$

TABLEAU DES COORDONNÉES DES POINTS ENTRE TULLÉAR ET NOSY VÉ.

NOMS DES POINTS.	ANCIENNES COORDONNÉES		NOUVELLES COORDONNÉES	
	$x.$	$y.$	$x'.$	$y'.$
Terme Sud de la base.......	0	0	0	0
Terme Nord.............	− 720,4	+ 931,0	− 720,4	+ 931,0
S¹ du Tombeau...........	+ 2317,7	+ 2597,4	+ 2317,9	+ 2597,3
S¹ Tulléar..............	− 927,4	+ 67,7	− 927,4	+ 67,8
S¹ Palétuvier............	+ 814,3	− 1562,8	+ 814,2	− 1562,8
1ᵉʳ arbre de la Table.......	+ 9979,8	− 3401,5	+ 9979,6	− 3402,1
Palétuvier isolé de la pêcherie.	+ 1195,2	− 2247,2	+ 1195,1	− 2247,3
S¹ Kilibé...............	+ 4719,7	− 5603,2	+ 4719,4	− 5603,5
S¹ de la Tache blanche......	+ 8580,8	− 9451,4	+ 8580,3	− 9451,8
2ᵉ arbre de la Table........	+ 10012,5	− 3610,4	+ 10012,3	− 3611,0
S¹ Sarodrano............	+ 5121,5	− 15063,8	+ 5120,6	− 15063,8
Mât Mac-Ubine (Tulléar)....	− 1619,1	+ 2264,3	− 1619,0	+ 2264,4
Mât Hermann (Tulléar).....	− 1711,8	+ 2441,8	− 1711,7	+ 2441,9
Mât du Pasteur (Tulléar)....	− 1687,2	+ 2536,1	− 1687,1	+ 2536,7
Station auxiliaire sur le récif..	+ 15,5	− 13217,9	+ 14,7	− 13217,9
S¹ Barn Hill.............	+ 6362,0	− 19235,8	+ 6360,9	− 19236,2
S¹ Salara...............	− 1871,3	− 25587,5	− 1872,8	− 25587,4
Arbre de la dune..........	− 2757,1	− 29220,7	− 2758,8	− 29220,5
Ballon Hermann (Nosy Vé)...	− 7957,8	− 29569,2	− 7959,5	− 29568,7
Pilier méridien de Nosy Vé...	− 7589,7	− 30030,7	− 7591,4	− 30030,3

- 23 -

Si maintenant nous adoptons le pilier méridien de Nosy Vé comme
point de départ, nous aurons, en tenant compte de la convergence des
méridiens, la série des coordonnées suivantes; le même tableau donne
les coordonnées géographiques des points principaux, déduites de celles
du pilier méridien d'après ces nouvelles coordonnées.

TABLEAU DÉFINITIF DES COORDONNÉES RECTANGULAIRES ET GÉOGRAPHIQUES
DES POINTS ENTRE NOSY VÉ ET TULLÉAR.

NOMS DES POINTS.	x.	y.	LATITUDE SUD.	LONGITUDE EST.
Pilier méridien de Nosy Vé...	o	o	23° 38′ 58″,o	41° 15′ 5o″,o
Arbre de la dune..........	+ 483ᵃ,ᵃ	+ 81ᵃ,ᵃ	23 38 31,6	41 18 40,5
S¹ Salara..............	+ 5716,4	+ 4445,8		
S¹ Barn Hill............	+ 13946,9	+ 10801,1	23 33 6,7	41 24 1,7
Station auxiliaire sur le récif.	+ 7597,7	+ 16816,ᵃ		
S¹ Sarodrano............	+ 12704,5	+ 1497ᵃ,8	23 3o 51,1	41 23 17,8
S¹ de la Tache blanche......	+ 16161,4	+ 2o586,6		
S¹ Kilibé..............	+ 12298,6	+ 2443ᵃ,9		
2ᵉ arbre de la Table.......	+ 1759o,5	+ 26428,1	23 24 38,6	41 26 9,5
1ᵉʳ arbre de la Table.......	+ 17557,7	+ 26637,o	23 24 31,8	41 26 8,4
Palétuvier isolé de la pêcherie.	+ 877ᵃ,6	+ 27787,4		
S¹ Palétuvier...........	+ 8391,4	+ 28471,7		
S¹ Tulléar.............	+ 664o,9	+ 3o1o1,4	23 22 39,5	41 19 43,8
S¹ du Tombeau..........	+ 9893,o	+ 3ᵃ63ᵃ,5		
Terme Nord de la base......	+ 6855,5	+ 3o964,7		
Terme Sud de la base......	+ 7576,4	+ 3oo34,1		
Mât Mac-Ubine (Tulléar)....	+ 5956,3	+ 3ᵃ297,7	23 21 28,2	41 19 19,7
Mât Hermann (Tulléar).....	+ 5863,4	+ 3ᵃ475,1	23 21 2ᵃ,3	41 19 16,4
Mât du Pasteur (Tulléar)....	+ 5888,o	+ 3ᵃ569,9		
Ballon Hermann (Nosy Vé)...	− 373,3	+ 468,1	23 38 4ᵃ,8	41 15 36,8
Jalon Est de la base (Nosy Vé).	− 179,1	+ 21ᵃ,o		
Jalon Ouest de la base (Nosy Vé).	− 311,4	+ 2oᵃ,1		
Rocher Tente (Salara)......	+ 12141,ᵃ	+ 6195,ᵃ	23 35 36,8	41 2ᵃ 58,ᵃ
S¹ Baracouta (Tulléar)......	+ ᵃ691,3	+ 33737,7	23 2o 41,3	41 17 24,7

Le passage de la triangulation par la pointe Salara n'était pas sans difficulté; nous avions déjà dû, à basse mer, employer une station auxiliaire
sur le récif, aucun signal, aucune station n'étant possible dans l'intérieur;
nous avons pensé qu'il serait bon de mesurer une petite base de vérification à Nosy Vé et de déterminer directement les coordonnées des points
de l'île que renferme le tableau précédent.

Nous avons donc fait, le 14 octobre, une observation d'azimut au pilier méridien de Nosy Vé et nous avons obtenu les résultats suivants :

	Pilier — Jalon Ouest........	302° 59' 38"
Azimut..	Jalon Ouest — Pilier........	122 59 38
	Jalon Ouest — Jalon Est....	85 41 47

La distance des deux jalons a été trouvée de 132ᵐ 706, les deux mesures ont donné des nombres identiques.

Le calcul des triangles a conduit aux résultats suivants que, pour plus de rapidité, nous ramènerons immédiatement au pilier méridien par différence de coordonnées :

	o	o
Pilier méridien de Nosy Vé................		
Ballon Hermann........................	— 373,1	+ 468,3
Jalon Est de la base...................	— 179,1	+ 212,1
Jalon Ouest........................	— 311,3	+ 202,2

La concordance de ces chiffres avec ceux du tableau précédent montre le degré de confiance qu'on est en droit d'accorder à notre triangulation.

Les observations des courants et des marées ont été faites sans interruption du 3 septembre au 11 octobre; l'échelle de marée a été installée au bord du récif, à la partie S. E. de l'île de Nosy Vé; son pied a asséché plusieurs fois aux grandes marées, mais nous n'avons pas pu trouver d'installation plus favorable.

Établissement du port : vʰ 50;
Montée en vive-eau : 3ᵐ 2; en morte-eau : 2ᵐ 2.

Les observations magnétiques, à Nosy Vé, sont contenues dans une note spéciale; nous renverrons, à propos des accidents qui nous sont arrivés : pivots oxydés, fils cassés, à la page 206 des *Annales hydrographiques*, 1893.

De la baie de Saint-Augustin au cap Saint-André. — Il restait pour terminer l'exécution de notre programme : 1° à faire le levé des mouillages fréquentés ordinairement par le *Mpandjaka* et de tous les autres où il pouvait être appelé fortuitement à chercher un abri; 2° à faire des reconnaissances rapides des parties de la côte offrant des complications et des dangers et à défiler simplement devant celles où la navigation n'offre aucune difficulté et pour lesquelles les instructions que nous préparions en même temps étaient largement suffisantes.

Nous étions au 18 octobre; il n'y avait donc plus à songer à un levé régulier, nos séjours aux différents mouillages allaient être de deux jours au maximum et il nous fallut nous borner à des déterminations géographiques directes et à des procédés de levés très expéditifs.

Par surcroît de difficulté, nous étions à une époque de l'année où le soleil passait aux environs du zénith, la détermination de la latitude ne pouvait être effectuée que la nuit.

La nature et la rapidité du travail de jour ne nous laissaient pas le loisir de faire ces observations et les moyens matériels nous auraient d'ailleurs manqué; nous avons donc du recourir plusieurs fois aux résultats obtenus par M. Grandidier, qui offrent la plus grande garantie d'exactitude.

Les opérations de transport du temps, dont nous avons spécialement chargé M. Fichot, seront décrites dans une note spéciale.

Le procédé général employé pour le levé de chaque mouillage a été le suivant : l'un de nous deux, M. Fichot ou nous-même, descendait à terre et s'installait à un point reconnu d'avance du bord pour y faire les observations d'heure, d'azimut, de déclinaison et aussi de latitude; au moins, pour ce dernier élément, autant que cela a été permis.

A un signal de la *Meurthe*, l'observateur de terre mesurait au sextant, et de chaque côté du zéro, les hauteurs angulaires des trois mâts qui donnaient la distance au kiosque de la *Meurthe*; il rattachait ce dernier à un point de sa triangulation dont il déterminait ensuite l'azimut par des observations du soleil et au moyen du théodolite Brunner à microscopes.

Pendant ce temps, l'observateur resté à bord relevait au cercle tous les points, en prenant comme point de départ le parasol de l'observateur de terre. Nous avions ainsi le canevas d'une triangulation graphique sur laquelle s'appuyait le travail de la topographie et des sondes.

Ne restant jamais plus de deux jours à chaque endroit, nous n'avions ni les moyens ni le temps d'installer une échelle de marée; nous nous sommes donc contenté de faire observer les profondeurs au mouillage; les fonds de vase ou de sable sur lesquels était mouillée la *Meurthe* ont du être toujours assez plats, car les courbes obtenues ont été généralement régulières.

Les renseignements sur la marée, obtenus de cette façon et dans de si courts intervalles de temps, ne sont pas nécessairement très exacts, mais on peut remarquer cependant que les établissements et les amplitudes obtenus varient assez régulièrement tout le long de la côte Ouest.

Les observations de courants ont été faites, à chaque mouillage, par les procédés ordinaires; enfin, les observations magnétiques, comme les précédentes, ont fait l'objet d'une note spéciale [1].

De la baie de Saint-Augustin au cap Saint Vincent, la navigation est facile; la côte est bordée par un récif dont on peut s'approcher sans danger; on dispose de points de reconnaissance remarquables, comme la tom-

[1] *Annales hydrographiques*, 1893, page 205.

bée de Manombo, le coin de mire, les dunes au Sud de la baie de Fanemotra; il n'y avait donc qu'à défiler devant la terre, en longeant le récif
et à noter les instructions nautiques qui, avec la carte N° 4177, suffiraient
amplement à la navigation dans ces parages.

Baie de Ranobé. (Voir le plan N° 4817.) — Dans l'intervalle se trou-
vait la baie de Ranobé, communiquant avec le large par une coupure dans
le récif et sur laquelle on n'avait pas d'indication; elle pouvait cependant
être appelée à offrir un abri à un navire surpris par une avarie de machine; ce fut donc le premier levé particulier que nous fîmes en partant
de Tulléar.

> Longueur de la base (Filao de la dune centrale, — kiosque de la
> *Meurthe*) : 5336 mètres.
> Gisement : 237° 17′ 20″.
> Latitude du Filao de la dune centrale obtenue par les circumé-
> ridiennes du soleil : 23° 3′ 24″ Sud.

Cap Saint-Vincent. — Mouillages de Nosy Hao, de Nosy Andrahombava et de la baie Tsingilofilo. (Voir les cartes N°ˢ 4733 et 4734).
Il n'existait pour le cap Saint-Vincent qu'un plan anglais, levé en 1835;
il y avait donc urgence de refaire une carte pour permettre au *Mpandjaka* : 1° de gagner facilement les trois mouillages où il pourrait s'abriter
au besoin; 2° de circuler entre les îles et la terre sans avoir à redouter les
récifs qui encombrent cette région.
Nos opérations ont duré du 28 octobre au 5 novembre; nous avons remarqué que le plan anglais, assez exact, était surtout à compléter, et qu'il
y avait lieu de faire le levé des mouillages de Nosy Hao, de Nosy Andrahombava et de la baie Tsingilofilo, encore complètement inconnus, et de
relier ces trois plans par des levés sous vapeur.
Les parties reconnues exactes ou de peu d'utilité (telle est pour ce dernier cas la baie de Fanemotra, où l'on ne va pas) et quelques sondes du
large ont été empruntées au plan anglais.

28 et 29 octobre. Mouillage de Nosy Hao. — L'observation de latitude
n'a pas été faite, mais nous avons pour ce point le résultat discuté et adopté
par Owen et reproduit par M. Grandidier :

$$22° 4′ 55″ \text{ Sud.}$$

> Longueur de la base (dune du point d'observation, kiosque de la
> *Meurthe*) : 1265 mètres.
> Gisement : 132° 25′ 40″.
> Marée. — Établissement : v^h 0; montée de l'eau en vive-eau, 2^m 5;
> en morte-eau, 1^m 7 (ces deux chiffres, comme tous les suivants.
> se rapportent au zéro du plan).

31 octobre. Levé sous vapeur entre Nosy Hao et Nosy Andrahombava.

1ᵉʳ et 2 novembre. Mouillage de Nosy Andrahombava. — La latitude déduite de celle que nous avons adoptée pour Nosy Hao est de

21° 57′ 49″ Sud.

> Longueur de la base (dune du point d'observation, — kiosque de la *Meurthe*) : 1406 mètres.
> Gisement : 104° 6′ 30″.
> Marée. — Établissement : $v^h 0$; montée en vive-eau, $2^m 5$; en morte-eau, $1^m 7$.

3 novembre. Levé sous vapeur entre Nosy Andrahombava et la baie de Tsingilofilo.

4 et 5 novembre. Baie de Tsingilofilo. — La latitude du cap Morombé a été déduite de celle de Nosy Hao, au moyen du levé sous vapeur de la veille; elle concorde d'ailleurs très sensiblement avec la position d'Owen, adoptée par M. Grandidier; c'est à cette dernière que nous nous sommes arrêté :

> Latitude du cap Morombé : 21° 45′ 48″ Sud.
> Gisement. — Mouillage-Station au cap Morombé : 192° 17′ 40″.
> Distance : 3680 mètres.
> Marée. — Établissement : $vi^h 0$; montée en vive-eau, $3^m 8$; en morte-eau, $2^m 6$.

5 novembre soir et 6 novembre. De la baie de Tsingilofilo au mouillage d'Ampasilava, la côte, sur une étendue d'une quarantaine de milles, est basse, d'aspect uniforme, et une carte particulière ne saurait être d'un grand usage. Il nous a donc paru suffisant de longer la terre en notant les particularités qu'il serait utile de signaler dans les instructions.

Entre les mouillages d'Ampasilava et de Morondava, point de relâche du *Mpandjaka*, se trouvent ceux de Belo, de Nosy Andrianmitarika et de Nosy Andriangory, ces deux derniers pouvant, par mauvais temps, suppléer aux rades foraines de la côte.

Cette région est également encombrée de bancs et de récifs dangereux.

Nous avons reconnu en détail ces mouillages, ces bancs et ces récifs en les reliant, pour la partie comprise entre Ampasilava et Belo, par plusieurs levés sous vapeur et simplement par des observations astronomiques pour la partie entre Belo et Morondava, qui est de navigation très facile et où n'existe qu'un seul récif véritablement dangereux, le banc Ankaramay.

Nous continuerons d'ailleurs à adopter l'ordre chronologique qui fera le mieux comprendre la nature de nos opérations.

7 novembre. Mouillage d'Ampasilava. (Voir la carte N° 4793.)

Latitude du mât de pavillon Hermann, déterminée par les circumméridiennes du soleil : 21° 17′ 52″ Sud.

Longueur de la base (mât de pavillon Hermann, — kiosque de la *Meurthe*) : 5678 mètres.

Gisement : 308° 31′ 50″.

Marée. — Établissement : v^h 0; montée en vive-eau, 4^m 4; en morte-eau, 3 mètres.

8 novembre. — Levé sous vapeur entre le mouillage d'Ampasilava et celui de Nosy Andrianmitarika, pour les relier entre eux et reconnaître la partie de côte correspondante.

9 novembre. Mouillage de Nosy Andrianmitarika. (Voir la carte N° 4793.)

Latitude déduite, au moyen du levé sous vapeur, de celle d'Ampasilava : 21° 6′ 12″ Sud.

Longitude : 41° 21″ 53″ Est.

L'île avait d'ailleurs pu être relevée du mouillage d'Ampasilava.

Longueur de la base (*Meurthe*, — station à la dune du S. E.) : 3362 mètres.

Gisement : 251° 52′ 10″.

Marée. — Établissement : v^h 40; montée en vive-eau, 4^m 3; en morte-eau, 3^m 8.

10 novembre. — Levé sous vapeur, en passant par le large, entre Nosy Andrianmitarika et Nosy Andriangory.

11 novembre. — Mouillage de Nosy Andriangory. (Voir la carte N° 4793.)

Latitude déduite, par construction, de celle de Belo : 20° 50′ 00″ Sud.

Longitude : 41° 26′ 10″ Est.

Gisement. — *Meurthe*, — dune du Sud : 238° 34′ 00″.

Distance : 1630 mètres.

Marée. — Établissement : v^h 0; montée en vive-eau, 4^m 6; en morte-eau, 4 mètres.

11 novembre soir. — Mouillage et reconnaissance du banc situé dans le N. E. de Nosy Andriangory.

12 novembre. Recherche infructueuse des bancs du *Boursaint* et de

l'*Osprey*, levé sous vapeur de la côte entre les dunes d'Antanga et la rivière Lampaolo.

Appareillage le soir pour Morondava.

Nous avions pensé, en établissant au début notre programme, d'accord avec M. le commandant de la *Meurthe*, arriver régulièrement à Morondava à cette époque et y rencontrer le *Mpandjaka*, qui devait nous remettre notre courrier et des vivres.

D'autre part, il nous était indispensable d'avoir les marches de nos chronomètres, ce qui ne nous était possible, pour ne pas perdre de temps, qu'en venant à Morondava une première fois et y retournant quelques jours après.

Ce furent ces raisons qui déterminèrent M. le commandant Giron à partir le 12 pour Morondava, sauf à retourner dans le Sud, après le passage du *Mpandjaka*.

15 et 16 novembre. Mouillage de Morondava. — (Voir le plan N° 4781.)

Longueur de la base (*Meurthe*, — station sur le banc) : 1086 mètres. Gisement : 149° 16′ 13″.

Ce gisement est aussi celui des deux mâts indiquant le mouillage.

La latitude n'a pu être observée, le soleil passant en ce moment au zénith ; nous avons en conséquence adopté la latitude que M. Grandidier avait déterminée par de bonnes observations et qui offre les plus grandes garanties, soit

20° 17′ 40″ Sud.

Marée. — Établissement : ıvʰ36 ; montée en vive-eau, 4ᵐ4 ; en morte-eau, 3ᵐ1.

18 novembre. Levé de la côte entre Morondava et Belo.

19, 20, 21 novembre. Mouillage de Belo. — Là encore, nous avons dû emprunter la latitude déterminée par M. Grandidier :

20° 44′ 15″.

Longueur de la base (*Meurthe*, — station sur l'îlot) : 3219 mètres. Gisement : 161° 55′.
Marée. — Établissement : vʰ37 ; montée en vive-eau, 4ᵐ3 ; en morte-eau, 3 mètres.

22 novembre. Reconnaissance des bancs et récifs dans l'O. N. O. de Belo et levés détaillés des bancs Bawden et de l'Osprey.

23 novembre. Reconnaissance du banc du *Boursaint* et fin du levé sous vapeur de la côte.

24 novembre. Sondes entre Nosy Andriangory et Morondava, sur la route suivie par un navire venant du Sud, au large des îles.

25 novembre. Séjour à Morondava et détermination d'un état absolu.

26 novembre. Appareillage de Morondava pour le Nord, sondes sur le banc Ankaramay.

A ce moment, le temps nous pressait de plus en plus; il ne nous restait plus qu'un mois pour terminer notre tâche, et les renseignements donnés par le *Mpandjaka*, qui avait failli s'y perdre, nous avaient convaincu de l'impérieuse nécessité qu'il y avait de faire une reconnaissance complète des îles Barren et des atterrages de Maintirano.

Dès lors, nous avons abandonné la côte et avons suivi l'itinéraire du *Mpandjaka*, reconnaissant et plaçant les bancs du large, qui sont tous hors de vue de terre.

Ce travail, qui a duré du 26 au 29 novembre, nous a permis de reconnaître les bancs du Boursaint, de la Cordelière, du Ruby et du d'Estaing.

M. Fichot et un enseigne de la *Meurthe* sondaient en gouvernant au compas, suivant des lignes rayonnant du mouillage et mesuraient la hauteur de la mâture, tous les quarts d'heure et à un signal donné, pendant que nous les relevions, au même moment avec le compas du kiosque, employant le reste du temps à mesurer la variation et à observer des hauteurs de soleil pour avoir les positions de ces bancs, par droites de hauteur.

Maintirano est un point de relâche du *Mpandjaka*; ses atterrages en sont difficiles à cause des îles et des bancs qui l'entourent; les vents du large y soulèvent une grosse mer qui brise quelquefois par des fonds de 8 et 10 mètres; il fallait donc, en utilisant dans la mesure du possible le plan existant, reconnaître en détail tout cet archipel pour fournir une carte donnant toute sécurité à la navigation.

La reconnaissance des îles Barren (voir la carte N° 4767) a duré du 30 novembre au 6 décembre. Elle s'est composée des levés particuliers, faits aux mouillages, des îles Nosy Androtra, Nosy Dondosy, Nosy Andrano, Nosy Manghily, Nosy Lava, Nosy Maroantaly, Nosy Mavony et du banc Bayfield.

Ces îles ont été visées les unes des autres, soit de terre, soit du mouillage.

Les déterminations des bancs et les sondes ont été effectuées sous vapeur par la *Meurthe*, et Maintirano a été relié au reste de la même façon, et sa position déduite par construction de celle de Nosy Mavony.

Nous avons pu, en effet, observer la latitude de Nosy Mavony; le soleil était descendu dans le Sud et nous avions continué notre marche vers le Nord, en sorte que les circumméridiennes étaient possibles, sinon favorables.

Latitude de Nosy Mavony (centre) : 18° 17′ 47″ Sud.

Le levé particulier de la rade foraine de Maintirano (voir le plan 4781)
a duré du 7 au 10 décembre; M. le commandant de la *Meurthe* avait reçu
du chef de division l'ordre de n'avoir aucune communication avec les in-
digènes et de ne laisser débarquer personne, en sorte que nous fûmes
amené à faire le levé tout entier de la mer, ce qui nous fit déterminer les
points de la terre par deux bases, déterminées en mer et offrant une vérification.

Une première station fut faite dans le Nord, à 2820 mètres du mouillage, et une deuxième dans le Sud, à 2813 mètres; aux mêmes instants, on
observait du mouillage l'azimut *Meurthe*, — Grand Cocotier : 64° 38′ 35″, et
on relevait de chacune des trois stations les divers points de la terre.

> Marée. — Établissement : ɪᴠʰ 45 ; montée en vive-eau, 5 mètres; en
> morte-eau, 3ᵐ 5.

La dernière période fut consacrée à la recherche des têtes du banc de
Pracel se trouvant particulièrement sur le parcours du *Mpandjaka*, au levé
de l'île Juan de Nova, à la détermination de sa position, ainsi que de
celle du cap Saint-André.

Malheureusement, le peu de temps dont nous disposions, les courants
imprévus qui sillonnent cette région ont rendu très difficile et presque infructueuse la recherche des têtes; mais nous avons cependant pu recueillir
un assez grand nombre de notes pour *mettre au clair* la navigation du cap
Saint-André aux îles Barren.

Nous allons exposer, par ordre chronologique, cette fin de nos opérations :

11 et 12 décembre. Levé de l'île Juan de Nova.

13 et 14 décembre. Sondes sur le banc de Pracel et mouillage à l'îlot
Chesterfield.

15 et 16 décembre. Reconnaissance du banc Vestal, recherche infructueuse des bancs du Flying Fish, du Dart et aussi du banc de la Grenouille
au cap Saint-André.

17 décembre. Mouillage au cap Saint-André; la latitude, obtenue par
des hauteurs circumméridiennes du soleil, est de

16° 11′ 47″ Sud.

18 décembre. Reconnaissance des bancs de l'Osprey et du Lynx; nouvelle recherche infructueuse du banc de la Grenouille.

21 décembre. Observation d'état absolu à Majunga.

Du 26 au 31 décembre. Détermination des marches des chronomètres au pilier méridien d'Hellville (Nosy Bé).

NOTE SUR LA DÉTERMINATION DES POSITIONS GÉOGRAPHIQUES
DES POINTS DE LA CÔTE OUEST DE MADAGASCAR, ENTRE NOSY VÉ et NOSY BÉ.

Choix des méridiens principaux. — On a adopté comme longitude de départ celle du pilier méridien d'Hellville (Nosy Bé) donnée par M. Favé :

$$3^h 3^m 48^s,3.$$

Celle de Majunga, déduite de la précédente, par la triangulation de M. Driencourt, a été prise également comme longitude fondamentale :

$$2^h 55^m 56^s,2.$$

Ces deux points sont ainsi rapportés aux méridiens principaux adoptés par M. Caspari pour la mer des Indes.

La longitude du pilier méridien de Nosy Vé, déterminée par le Révérend Perry,

$$2^h 45^m 3^s,0$$

est rapportée au cap de Bonne-Espérance et à Durban.

Les conditions particulières dans lesquelles les montres de la mission hydrographique ont été installées à bord de la *Meurthe* n'ayant pas permis un transport du temps direct entre Nosy Bé et Nosy Vé, on a dû rechercher dans les traversées rapides faites par les divers bâtiments de la division navale les éléments nécessaires à la vérification de la différence de longitudes entre ces deux points.

Les journaux chronométriques du *Boursaint*, du *Beautemps-Beaupré* et de la *Meurthe* ont fourni, à cet égard, des renseignements suffisants. On n'a conservé que les résultats des traversées inférieures à 30 jours; pour chaque chronomètre, on a déterminé les coefficients de température, aucun d'eux n'a présenté d'accélération sensible à température constante.

Voici le tableau des résultats obtenus :

Boursaint. — 2 traversées, 1 chronomètre......	$18^m 18^s,6$	10 jours.
	$53^s,8$	18 jours.
Beautemps-Beaupré. — 1 traversée, 3 chronomètres.	$45^s,1$	20 jours.
	$54^s,0$	20 jours.
	$42^s,9$	20 jours.
Meurthe. — 1 traversée, 3 chronomètres........	$49^s,1$	18 jours.
	$46^s,3$	18 jours.
	$40^s,3$	18 jours.

Bien que le premier résultat fourni par le *Boursaint* corresponde à la traversée de plus courte durée, il a paru convenable de l'éliminer en raison de sa divergence avec les autres et surtout de la garantie minime que présentait sa détermination.

En faisant la moyenne des autres résultats qui, tous, correspondent à des traversées d'égale durée, on obtient comme différence de longitude :

$$\text{Nosy Bé} - \text{Nosy Vé} : 18^m 47^s,3,$$

tandis que la différence correspondant aux déterminations indépendantes l'une de l'autre est de :

$$18^m 45^s,3.$$

L'écart de 2 secondes permet de considérer la vérification comme satisfaisante; aucun des transports du temps étudiés n'étant d'ailleurs de nature à infirmer les résultats antérieurs.

On a donc adopté les méridiens principaux suivants :

Nosy Bé (pilier méridien d'Hellville)...... $3^h\ 3^m 48^s,3$
Majunga (pilier méridien).............. $2^h 55^m 56^s,2$
Nosy Vé (pilier méridien).............. $2^h 45^m\ 3^s,0$

Longitudes des points intermédiaires. — Trois chronomètres étaient à la disposition de la mission : 1505 Delépine, 191 Winnerl et 313 Winnerl. Toutes les observations d'états absolus ont été faites à l'horizon artificiel, chaque observation comprenant 4 séries de 3 hauteurs consécutives, avec retournement des glaces entre chaque série. Autant que possible, on a observé matin et soir, en chaque point, à des intervalles égaux du méridien. A part une seule exception (celle de Nosy Lava des îles Barren), les observations du matin ont donné des états absolus trop forts, celles du soir, des états trop faibles; la différence paraît croître assez régulièrement avec la température. Le tableau de ces différences a permis de déterminer la correction à faire subir aux états observés d'un seul côté du méridien, pour les quelques points où il n'a été possible de faire qu'une seule observation.

Quant aux latitudes employées dans le calcul des états absolus, quelques-unes ont été déterminées au moyen du théodolite réitérateur Brunner à microscopes par des séries de hauteurs circumméridiennes, ou lorsque le soleil culminait trop près du zénith, empruntées aux tableaux de M. Grandidier; enfin, d'autres ont été déduites des précédentes par construction.

Les marches des chronomètres ont été déterminées en trois points différents, Nosy Vé, Morondava et Nosy Bé. Les chronomètres ayant été mis en marche au début même de la campagne, on a tenu compte seulement de la dernière marche observée à Nosy Vé. Quant aux observations faites au retour, à Nosy Bé, leur intervalle se trouvant être d'un trop petit nombre de jours, on leur a adjoint, pour la détermination des dernières marches, les observations faites à Majunga.

On a, ainsi, le tableau suivant :

INTERVALLE DES OBSERVATIONS.	LIEUX D'OBSERVATIONS.	1505 DELÉPINE.	191 WINNERL.	313 WINNERL.	TEMPÉRATURE MOYENNE.
Du 11 octobre, 5, au 17 octobre, 5.	Nosy Vé........	$+ 3°,37$	$- 5°,43$	$- 2°,48$	$+ 23°,07$
Du 16 novembre au 25 novembre.	Morondava......	$+ 3°,56$	$- 7°,55$	$- 3°,73$	$+ 27°,55$
Du 21 décembre au 31 décembre.	Majunga et Nosy Bé.	$+ 3° 58$	$- 8°,13$	$- 4°,59$	$+ 27°,57$

La première de ces marches seule a été employée exclusivement en rade; les autres correspondent à des intervalles de temps comprenant des journées de mer et des mouillages : ce sont les conditions mêmes dans lesquelles ont été effectuées les déterminations intermédiaires.

Le tableau précédent montre que le 1505 Delépine ne varie qu'en raison des variations de température, les deux autres chronomètres sont également sensibles à la température, mais, de plus, il y a lieu de déterminer pour eux un coefficient d'accélération à température constante. Le calcul de ce coefficient est singulièrement facilité par ce fait que la température est la même dans les deux derniers intervalles et que les dates moyennes des trois périodes considérées (14 octobre, 20 novembre et 26 décembre) sont séparées par des intervalles égaux (soit de 36 jours).

Si donc nous appelons c le coefficient de température, x l'accroissement de la marche dépendant du temps, en passant d'une période à l'autre, nous aurons, pour le 191 Winnerl par exemple, les deux équations :

$$- 2,12 = x + 4,5 \, c,$$
$$- 2,70 = 2x + 4,5 \, c.$$

En désignant par b l'accélération diurne à température constante, nous déduirons des deux équations précédentes les valeurs des coefficients

$$b = \frac{x}{36} = - 0°,016$$
$$c = \qquad - 0°,34.$$

Opérant de même pour chaque chronomètre, on obtient le tableau suivant des coefficients :

COEFFICIENTS.	1505 DELÉPINE.	191 WINNERL.	313 WINNERL.
b	o	$- o^s,o16$	$- o^s,o24$
c	$+ o^s,o5$	$- o^s,34$	$- o^s,o9$

Longitude de Morondava. — On a commencé par fixer la position de Morondava, point où fut déterminée la marche intermédiaire.

Considérons la traversée effectuée entre Nosy Vé et Morondava; la durée totale de cette traversée, c'est-à-dire l'intervalle de temps qui sépare la dernière observation d'état absolu faite à Nosy Vé de la première faite à Morondava est de 29 j. 5; la température moyenne de l'armoire des montres durant cet intervalle est de 25°,08.

Pour obtenir la marche moyenne d'un chronomètre pendant cette traversée, nous avons ramené les marches observées *avant* et *après* à la température 25°,08 et à l'époque moyenne $t = 18$ jours, comptée à partir du 14 octobre : on a ainsi, pour chaque chronomètre, deux valeurs très peu différentes dont la moyenne a été prise pour marche moyenne pendant la traversée. Nous reproduisons ici les calculs effectués pour chaque chronomètre.

COEFFICIENTS.	1505 DELÉPINE.		191 WINNERL.		313 WINNERL.	
	$+ 3^s,37$	$+ 3^s,56$	$- 5^s,43$	$- 7^s,55$	$- 2^s,48$	$- 3^s,73$
b	o	o	$-$ 29	$+$ 29	$-$ 44	$+$ 22
c	$+$ 10	$-$ 12	$-$ 68	$+$ 84	$-$ 18	$+$ 44
	$+ 3^s,47$	$+ 3^s,44$	$- 6^s,4o$	$- 6^s,42$	$- 3^s,1o$	$- 3^s,07$
	$+ 3^s,45$		$- 6^s,41$		$- 3^s,o8$	

Au moyen de ces marches moyennes, on ramène les états observés à Nosy Vé, le 17 octobre, 5, au 16 novembre, pour les comparer à ceux directement observés le même jour à Morondava. On a ainsi trois valeurs de la différence des longitudes entre Morondava et Nosy Vé :

Morondava — Nosy Vé : $2^m 36^s,1$ $2^m 30^s,1$ $2^m 33^s,8$.

Un calcul analogue appliqué à la traversée entre Morondava et Majunga, dont la durée est de 26 jours, donne de même :

Nosy Bé — Morondava : $15^m 56^s,7$ $15^m 51^s,2$ $15^m 50^s,2$

d'où :

Nosy Bé — Nosy Vé : 18ᵐ 32ˢ,8   18ᵐ 21ˢ,3   18ᵐ 23ˢ,5.

Si nous rapprochons ces valeurs de la différence 18ᵐ 45ˢ,3 adoptée précédemment, nous voyons que les écarts de chaque détermination chronométrique sont respectivement

— 12ˢ,5   — 24ˢ,0   — 21ˢ.8.

On ne peut attribuer ces écarts qu'aux différences de marche que présentent les chronomètres en rade et à la mer; la durée totale de la traversée de Nosy Vé à Nosy Bé ayant été de 60 jours, on voit que le plus grand des écarts, celui du 191 Winnerl, correspond à une différence de 0ˢ,4 sur les marches adoptées.

Aucune donnée ne pouvant guider sur la répartition des écarts et les deux traversées qui concourent à la détermination de Morondava se trouvant d'ailleurs avoir même durée, on s'est borné à distribuer également les écarts entre ces deux traversées. Voici les résultats obtenus :

TRAVERSÉES.	1505 DELÉPINE.	191 WINNERL.	313 WINNERL.	MOYENNES.
	2ᵐ 36ˢ,1	2ᵐ 3oˢ,1	2ᵐ 33ˢ,3	
	6ˢ,2	12ˢ,0	1oˢ,9	
Morondava — Nosy Bé.........	2ᵐ 42ˢ,3	2ᵐ 42ˢ,1	2ᵐ 44ˢ,2	2ᵐ 43ˢ,0
	15ᵐ 56ˢ,7	15ᵐ 51ˢ,2	15ᵐ 5oˢ,2	
	6ˢ,3	12ˢ,0	1oˢ,9	
Nosy Bé — Morondava.........	16ᵐ 3ˢ,0	16ᵐ 3ˢ,2	16ᵐ 1ˢ,1	16ᵐ 2ˢ,3
TOTAL........................				18ᵐ 45ˢ,3

Les résultats partiels concordent suffisamment pour justifier l'hypothèse qu'on a faite dans la répartition des écarts, et leur moyenne a été adoptée comme fixant définitivement la position de Morondava.

Nosy Bé — Morondava.................   16ᵐ 2ˢ,3
Longitude de Nosy Bé................   3ʰ 3ᵐ 48ˢ,3

Morondava (station sur le banc de sable)...   2ʰ 47ᵐ 46ˢ,0

d'où :

Morondava (Mât Français).............   2ʰ 47ᵐ 47ˢ,7.

Points compris entre Nosy Vé et Morondava. — La longitude de Morondava se trouvant déterminée, on a calculé les nouvelles valeurs qui en résultent pour les marches moyennes des chronomètres pendant la traversée de Nosy Vé à Morondava ; ces marches, qui correspondent à la température de $+ 25°,08$ et à l'époque moyenne du 31 octobre, sont respectivement

$$+ 3^s,68 \qquad - 5^s,97 \qquad - 2^s,75.$$

On en déduit, au moyen des coefficients b et c précédemment déterminés, les marches moyennes qui correspondent aux deux traversées partielles reliant un point A intermédiaire à Nosy Vé et à Morondava : d'où, pour chacun des chronomètres, deux valeurs de la longitude de A, dont on prendra la moyenne après avoir affecté chaque résultat d'un poids inversement proportionnel à la durée de la traversée correspondante.

Soit, par exemple, à déterminer la longitude de Nosy Hao (cap Saint-Vincent). La traversée de Nosy Vé à Nosy Hao a une durée de 11 j. 0, la température moyenne de l'armoire des montres est de $+ 23°,29$, l'époque moyenne de la traversée, comptée à partir de l'origine, 31 octobre, est $t = - 8$. Les marches moyennes des chronomètres sont, par suite :

	$+ 3^s,68$	$- 5^s,97$	$- 2^s,75$
b	0	$+ 13$	$+ 19$
c	$- 9$	$+ 61$	$+ 16$
	$+ 3^s,59$	$- 5^s,23$	$- 2^s 40$

d'où, en ramenant tous les états au 28 octobre, 5, fin de la traversée Nosy Vé — Nosy Hao :

(1) $\qquad\qquad$ $1^m 40^s,2 \qquad 1^m 40^s,2 \qquad 1^m 40^s,7.$

Prenons maintenant la seconde traversée, celle de Nosy Hao à Morondava. Sa durée est de 18 j. 5, la température moyenne est de $+ 25°,69$; l'époque moyenne $t = + 7$.

Les marches moyennes des chronomètres sont, dans cette traversée :

	$+ 3^s,68$	$- 5^s,97$	$- 2^s,75$
b	0	$- 11$	$- 17$
c	$+ 3$	$- 21$	$- 5$
	$+ 3^s,71$	$- 6^s,29$	$- 2^s,97$

d'où, en ramenant tous les états au 28 octobre, 5 :

Morondava — Nosy Hao : $4^m 22^s,6 \qquad 4^m 25^s,5 \qquad 4^m 23^s,6$

et, par suite, puisque Morondava — Nosy Vé $= 2^m 43^s,0$,

(2)   Nosy Vé — Nosy Hao $= 1^m 39^s,6$ $1^m 42^s,5$ $1^m 40^s,6$.

Donnons à (1) le poids 18,5, à (2) le poids 11, nous aurons :

Nosy Vé — Nosy Hao : $1^m 40^s,0$ $1^m 41^s,0$ $1^m 40^s,7$.

La moyenne des 3 chronomètres donne :

Nosy Vé — Nosy Hao. . . . . $1^m 40^s,6$

                                         $2^h 45^m 3^s,0$

Nosy Hao. . . . . $= 2^h 43^m 22^s,4$

Longitude de Belo. — Les observations à Belo se trouvant comprises entre celles de Morondava, on a rapporté Belo à Morondava par deux traversées, l'une de 4 jours, l'autre de 5. Les marches moyennes de ces deux traversées ont été déduites des marches fournies par les observations faites à Morondava :

$$+ 3^s,56 \qquad - 7^s,55 \qquad - 3^s,73$$

lesquelles correspondent à une température de $27°,55$ et à la date moyenne du 20 novembre. Voici les résultats des 3 chronomètres.

Morondava — Belo : $1^m 5^s,5$ $1^m 6^s,0$ $1^m 5^s,6$

d'où, en adoptant la moyenne :

Belo (station sur l'îlot de l'entrée). . . . . . $= 2^h 46^m 40^s,3$

d'où :

Belo (mât de pavillon Hova). . . . . $= 2^h 46^m 43^s,4$.

Points compris entre Morondava et Nosy Bé. — Les marches moyennes des chronomètres pendant la traversée de Morondava à Majunga, déduites de la valeur adoptée pour la longitude de Morondava, sont :

$$+ 3^s,83 \qquad - 7^s,48 \qquad - 3^s,69.$$

Elles correspondent à la température moyenne $+ 27°,86$, et à l'époque moyenne du 8 décembre.

Comme précédemment, ou en déduira au moyen des coefficients b et c les marches moyennes qui correspondent aux deux traversées partielles reliant un point B, intermédiaire à Morondava et à Majunga : d'où, pour chacun des chronomètres, deux valeurs de la longitude de B, dont on prendra la moyenne après avoir affecté chaque résultat d'un poids inversement proportionnel à la durée de la traversée correspondante.

La marche à suivre est exactement la même que celle exposée pour les points compris entre Nosy Vé et Morondava.

Le tableau suivant donne les positions adoptées pour les différents points de la côte Ouest qui, presque tous, servent de départ dans les différents plans que nous avons publiés à la suite de la reconnaissance qui vient d'être exposée; une colonne spéciale indique l'origine de chaque position; quelques latitudes ont été empruntées, comme nous l'avons déjà vu, aux tables renfermées dans le volume : *Histoire de la géographie de Madagascar*, par M. A. Grandidier; elles offrent les plus grandes garanties d'exactitude.

NOMS DES LOCALITÉS.	LATITUDE SUD.	LONGITUDE EST EN ARC.	LONGITUDE EST EN TEMPS.	ORIGINES.
Nosy Bé (pilier méridien)........	13° 24' 20",7	45° 57' 5",0	3ʰ 3ᵐ 48ˢ,3	Position fondamentale adoptée par M. Favé.
Majunga (pilier méridien).......	15 43 24,2	43 59 3,5	2 55 56,2	Latitude déterminée par M. Favé; longitude par transport du temps; les mêmes positions ont été déduites de Nosy Bé, par triangulation, par M. Driencourt.
Cap Saint-André...............	16 11 47,2	42 7 49,5	2 48 31,3	Latitude par circumméridiennes; longitude par transport du temps.
Île Juan de Nova (dune centrale)..	17 3 15,0	40 22 40,5	2 41 30,7	Latitude prise sur la carte N° 1442; longitude par transport du temps.
Maintirano (mât du vice-roi).....	18 9 10,0	41 42 50,0	2 46 51,3	Position déduite, par construction, d⋅ celle de Nosy Mavony.
Nosy Mavony (sommet de l'île)....	18 17 47,0	41 25 30,0	2 45 42,0	Latitude par circumméridiennes; longitude par transport du temps.
Morondava (mât français)........	20 17 40,0	41 56 56,0	2 47 47,7 }	Latitude d'après M. Grandidier; longitude par transport du temps.
Belo (mât hova)...............	20 44 15,0	41 40 51,0	2 46 43,4 }	
Nosy Andriangory (dune Sud)....	20 50 0,0	41 26 10,0	2 45 44,7	Les deux positions déduites, par construction, de Belo.
Nosy Andrianmitarika (gros tamari-nier).	21 6 12,0	41 21 53,0	2 45 27,5	Position déduite, par construction, d'Ampasilava.
Ampasilava (mât hova).........	21 17 59,0	41 24 47,0	2 45 39,1	Latitude par circumméridiennes; longitude par transport du temps.
Baie Tsingilofilo (cap Morombé)...	21 45 48,0	40 59 46,0	2 43 59,1	Latitude d'après M. Grandidier; longitude par transport du temps.
Nosy Andrahombava (pointe S. E.).	21 57 49,0	40 51 14,0	2 43 24,9	Position déduite, par construction, de Nosy Hao.
Nosy Hao (pointe N. E.).........	22 4 55,0	40 50 36,0	2 43 22,4	Latitude d'après M. Grandidier; longitude par transport du temps.
Ranobé (filao de la dune centrale).	23 3 24,0	41 13 19,0	2 44 53,3	Latitude par circumméridiennes; longitude par transport du temps.
Nosy Vé (pilier méridien)........	23 38 58,0	41 15 50,0	2 45 3,3	Position fondamentale adoptée provenant des déterminations du Révérend Perry (passage de Vénus de 1882).

ANNÉE 1890.

Depuis notre arrivée à Madagascar, pour des nécessités étrangères à l'hydrographie, nous avions été immobilisés pendant la saison fraîche et nos travaux avaient dû s'effectuer pendant les périodes d'hivernage; aussi commencions-nous à être très fatigués; mon jeune collègue, M. Fichot, était particulièrement éprouvé par ce climat anémiant et fiévreux.

Mais, grâce à la bienveillante intervention de M. le commandant Prouhet, chef de division, nous avons obtenu d'aller passer les quatre derniers mois d'hivernage à Salazie (Réunion), comme cela avait déjà été admis pour nos prédécesseurs.

Dans une lettre datée du 28 janvier 1890, le Ministre autorisait M. le chef de division à nous faire effectuer, à notre retour de la Réunion, le levé des Comores dont les parages, très fréquentés par nos bâtiments, étaient encore mal connus.

Malheureusement le *Bouvet* s'échouait à Zanzibar et la *Meurthe* nous était enlevée pour le convoyer jusqu'à Suez, pendant que le d'*Estaing* le remorquait.

Notre séjour à la Réunion se trouva donc prolongé, et c'est seulement à la fin de juin que le paquebot nous ramena à Madagascar pour embarquer sur la *Meurthe* et exécuter enfin le levé des Comores.

Mais la machine de la *Meurthe* manquait encore une fois, et nous ne pouvions qu'effectuer les déterminations dont nous avons donné l'exposé plus haut. D'ailleurs, ce navire quittant la division pour rentrer en France, nous débarqua à Nosy Bé où nous devions attendre de nouveaux ordres.

Nous reçûmes bientôt de M. le commandant Prouhet la lettre suivante :

« Diégo-Suarez, le 18 octobre. — L'*Eure*, remplaçant la *Meurthe*, est arrivé ici le 14, mais ce navire a besoin de visiter en détail sa machine et d'y faire plusieurs réparations. Je désire en outre que le chef de division qui me remplace, en arrivant à Diégo-Suarez, ait ce bâtiment sous la main. Dans ces conditions, je renonce à faire lever les Comores et je désire que vous terminiez tout ce qui se rapporte à la baie de Diégo-Suarez. »

4° PARTIE. — BAIE DE DIÉGO-SUAREZ.

Le plan de la baie de Diégo-Suarez, levé en 1833, par l'état-major de la corvette la *Nièvre*, ne répondait plus aux besoins de notre nouvelle colonie.

Nous avions déjà, en novembre 1888, reconnu les abords d'Oronjia et la passe, et les officiers de la *Meurthe*, en juin 1889, avaient levé le plan du port de la Nièvre et du cul-de-sac Gallois; il nous fallait dès lors, pour faire rentrer ces travaux isolés dans le levé d'ensemble, les reviser et les compléter; c'est ainsi que nous fûmes amené à refaire toute la topographie.

Ce travail était du reste facilité par les opérations antérieures de notre prédécesseur M. Favé; une base avait été mesurée par lui sur le plateau de Diégo et reliée aux points principaux de la baie; nous n'avions donc qu'à compléter cette première triangulation.

Quoique toute la topographie et presque toutes les sondes fussent à faire, les opérations hydrographiques, commencées le 7 novembre 1889, purent être terminées le 26 décembre, et encore furent-elles contrariées par la mousson encore fraîche; il est vrai que M. le chef de division Pougin de la Maisonneuve et M. le capitaine de frégate Valat, commandant de l'*Eure*, nous avaient prodigué toute espèce de moyens de travail.

Base. — La base, mesurée par M. Favé sur le plateau de Diégo, avait une longueur de 1044ᵐ 295; elle servit à déterminer la position du pilier méridien d'Antsirana et à passer de ce point aux autres signaux de la baie.

Le tableau Nᵒ 1 donne les coordonnées de ces points ainsi que leurs positions géographiques.

M. Favé est parti de ces points pour établir sa triangulation de la côte Ouest jusqu'à Nosy Lava, et a obtenu une vérification très satisfaisante par les déterminations directes des latitudes des piliers méridiens d'Antsirana et de Nosy Lava.

Azimut. — Les observations d'azimut furent faites au pilier d'Antsirana et au signal Oronjia avec le théodolite à microscopes de Brunner; elles consistèrent à viser alternativement les deux bords du soleil, le cercle vertical étant tantôt à gauche et tantôt à droite.

M. Favé a adopté pour l'azimut du côté pilier d'Antsirana — signal Oronjia :

$$79° \ 12' \ 19'' \ \text{Est.}$$

Triangulation. — Nous fûmes amené à déterminer les positions d'un certain nombre d'autres points; elles sont résumées dans le tableau Nᵒ 2.

Les longitudes et les latitudes ont été calculées seulement pour les points les plus importants.

Les visées ayant été faites tantôt avec le théodolite Brunner à microscopes, tantôt avec le théodolite simple de Lorieux, une colonne indique par les lettres T et *t* lequel des deux instruments a servi pour chaque point.

Les altitudes inscrites dans le tableau Nᵒ 2 ont été empruntées aux levés des officiers d'infanterie et d'artillerie de marine.

TRIANGULATION DE LA BAIE DE DIÉGO-SUAREZ.

TABLEAU N° 1.

POSITIONS DÉTERMINÉES EN 1887, PAR M. FAVÉ.

NOMS DES SIGNAUX.	COORDONNÉES.		POSITIONS GÉOGRAPHIQUES.		ALTITUDES.
	DISTANCES à LA MÉRIDIENNE.	DISTANCE à la PERPENDICULAIRE.	LATITUDES déduites par la triangulation de celle observée au pilier méridien de Nosy Lava.	LONGITUDES déduites par triangulation de celle adoptée pour le pilier d'Hellville.	
			Sud.	Est.	mèt.
Pilier méridien d'Antsirana............	0	0	12° 16′ 25″,5	46° 57′ 36″,2	35
Andramaimbo.........	− 12897,51	+ 6762,19	12 12 45 ,3	46 50 29 ,6	393
Nosy Langoro.........	+ 3237,90	+ 5782,57	12 13 17 ,3	46 59 23 ,4	10
Prolongement Est de la base (signal)........	− 1123,53	+ 3320,82	12 14 37 ,5	46 56 59 ,0	45
Prolongement Est de la base (jalon).........	− 1123,79	+ 3320,24	12 14 37 ,5	46 56 59 ,0	45
Pilier Est de la base....	− 1506,38	+ 2817,03	12 14 53 ,9	46 56 44 ,5	45
Pilier Ouest de la base..	− 2187,92	+ 2025,79	12 15 19 ,6	46 56 23 ,8	42
Jalon Diégo...........	− 856,44	+ 2003,19	12 15 20 ,3	46 57 7 ,9	67
Signal Diégo.........	− 856,68	+ 2002,56	12 15 20 ,3	46 57 7 ,9	67
Signal Oronjia........	+ 6739,17	+ 1284,93	12 15 43 ,7	47 1 19 ,2	108
Jalon Grégoire........	− 4620,52	− 275,91	12 16 34 ,5	46 55 3 ,3	92
Petite Selle...........	− 15213,38	− 1221,58	12 17 5 ,1	46 49 12 ,8	150
Pain de Sucre.........	+ 3548,92	− 3004,83	12 18 3 ,3	46 59 33 ,7	122
Signal Avril..........	− 6617,33	− 5167,18	12 19 13 ,6	46 53 57 ,2	55
Signal Mahatsinjoarivo..	− 1075,95	− 9008,29	12 21 18 ,7	46 57 1 ,6	237

TRIANGULATION DE LA BAIE DE DIÉGO-SUAREZ.

Tableau No 2.

POSITIONS DÉTERMINÉES EN 1890.

NOMS DES SIGNAUX.	COORDONNÉES.		POSITIONS GÉOGRAPHIQUES.		INSTRUMENTS.	ALTITUDES.
	DISTANCES à LA MÉRIDIENNE.	DISTANCES à LA PERPENDICULAIRE.	LATITUDES déduites par triangulation de celle observée au pilier méridien de Nosy Lavu.	LONGITUDES déduites par triangulation de celle adoptée pour le pilier d'Hellville.		
			Sud.	Est.		mèt.
PASSE ET BAIE DES FRANÇAIS.						
Mamelon Suarez........	+ 10810,0	+ 11134,0	"	"	t	12
Nosy Angongo.........	+ 11742,0	+ 2958,0	"	"	t	10
Mât de pavillon du poste de la passe.........	+ 8752,0	+ 4694,0	"	"	t	30
Mât de Nosy Volana....	+ 8685,2	+ 6376,2	"	"	T	17
Cheminée de Nosy Volana.	+ 8560,7	+ 6419,4	12° 12′ 56″,6	47° 2′ 19″,4	T	10
St Andranomody.......	+ 7632,1	+ 5045,8	"	"	T	40
St de l'Aigle.........	+ 7088,8	+ 4428,5	"	"	T	40
St N. E. Oronjia.......	+ 7319,4	+ 2083,6	"	"	T	90
Montagne des Français (sommet Nord)......	+ 5384,4	— 5585,4	"	"	T	250
Montagne des Français (sommet arbre).....	+ 5488,7	— 7926,7	"	"	T	250
Montagne des Français (sommet au).......	+ 9734,5	— 11270,5	"	"	T	370
PORT DE LA NIÈVRE ET CUL-DE-SAC GALLOIS.						
St Melville..........	+ 2402,9	+ 17,5	"	"	t	40
Maison du colonel......	+ 539,5	+ 424,3	"	"	t	35
Clocher d'Antsirana.....	+ 542,8	+ 744,6	12° 16′ 1″,3	46° 57′ 54″,2	t	35
Maison du gouverneur..	+ 363,9	+ 494,8	"	"	t	35
Grande maison de Mahatsinjoarivo (pignon Est).	— 1076,2	— 9105,9	"	"	T	237

NOMS DES SIGNAUX.	COORDONNÉES.		POSITIONS GÉOGRAPHIQUES.		INSTRUMENTS.	ALTITUDES.
	DISTANCES à LA MÉRIDIENNE.	DISTANCES à LA PERPENDICULAIRE.	LATITUDES déduites par triangulation de celle observée au pilier méridien de Nosy Lava.	LONGITUDES déduites par triangulation de celle adoptée pour le pilier d'Hellville.		
			Sud.	Est.		mèt.
PORT DE LA NIÈVRE ET CUL-DE-SAC GALLOIS. (*Suite.*)						
Mamelle Nord du col du Courrier. . . . . :	— 12736,9	+ 3762,1	"	"	T	223
Mont Andolo-Mikaïka. . .	— 10281,3	— 196,8	"	"	t	95
Massif de l'Ambongo-abo (sommet N. E.).	— 11589,8	+ 2162,2	12° 15′ 15″,1	46° 51′ 12″,8	T	283
Massif de l'Ambongo-abo (sommet Milieu).	— 12658,2	+ 1071,8	"	"	T	300
Massif de l'Ambongo-abo (sommet Sud)	— 13199,0	+ 167,0	"	"	T	263
BAIE DU TONNERRE.						
Sommet le plus élevé de la presqu'île Tanifotsy. . .	+ 5903,8	+ 10142,0	"	"	t	70
Arbre sur une falaise. . . .	+ 2498,0	+ 12695,6	"	"	t	"
S¹ Vatomainty.	+ 1674,8	+ 6927,3	"	"	T	55
BAIE DES CAILLOUX BLANCS.						
S¹ Andrahompotsy.	— 1919,9	+ 4005,4	"	"	t	45
Sommet du Sépulcre. . .	— 3653,5	+ 5076,4	12° 13′ 40″,3	46° 55′ 35″,3	T	100
Jalon Andrakaka.	— 6924,6	+ 3475,4	"	"	T	100
Ankaramisampana.	— 9256,3	+ 7249,0	12 12 29 ,6	46 52 30 ,0	T	272
Bobaomby Vatobé.	— 7617,8	+ 8721,8	"	"	T	240
Sommet de la Tortue. . .	— 5349,5	+ 10964,2	"	"	T	7
Sommet de la Coquille. .	— 2680,1	+ 9170,8	"	"	T	15
Grosse touffe.	— 6009,5	+ 13323,3	"	"	t	62
S¹ des cailloux blancs. . .	— 3592,3	+ 13246,4	"	"	t	6
Arbre sur un mamelon dénudé.	— 1109,0	+ 9129,3	"	"	t	30

TOPOGRAPHIE.

La côte étant le plus souvent inaccessible à cause des falaises, des fourrés impénétrables ou des palétuviers, nous avons dû faire la plus grande partie de la topographie en embarcation; nous nous sommes cependant servi du théodolite partout où le débarquement a été possible.

La topographie de la passe, d'Antsirana et de Diégo a été particulièrement détaillée.

Une série complémentaire de vues de côtes nous a permis de déterminer le relief intérieur du terrain et d'utiliser les levés de l'infanterie et de l'artillerie de marine.

SONDES.

Les sondes ont été faites suivant les procédés ordinaires, le White de l'*Eure* aurait pu être d'une plus grande utilité s'il n'avait été immobilisé par des réparations continuelles; la mousson était encore fraîche, et c'est dans des conditions assez pénibles que les embarcations durent travailler.

Aussi, pour ne pas exposer nos collaborateurs à perdre inutilement leur temps à se mettre en position, nous avons adopté le système de rayonnement autour du bord, ce qui nous permettait d'indiquer nettement les alignements à suivre et nous donnait la certitude de ne pas laisser de place non sondée.

Les mouillages furent d'ailleurs choisis de façon qu'on pût étudier ainsi, presque sans sondes auxiliaires, les endroits particulièrement intéressants.

MARÉES.

Les sondes ont été réduites au niveau des plus basses mers au moyen d'observations faites à une échelle fixée à un des pilotis de l'appontement militaire d'Antsirana; il suffisait à l'observateur de se placer à côté pour apprécier facilement la hauteur de l'eau.

La forme de la marée est régulière; on constate par jour deux pleines mers et deux basses mers; l'amplitude maxima ne dépasse pas 2 mètres.

Le vent et les variations de la pression atmosphérique font subir au niveau moyen un écart maximum de 18 centimètres.

L'onde diurne se manifeste très nettement, mais les observations ont été trop restreintes pour qu'il soit possible d'en donner une valeur exacte; toutefois elle ne semble pas dépasser le $\frac{1}{10}$ de l'onde semi-diurne, soit $0^m 20$ environ.

L'établissement du port et l'unité de hauteur sont quelque peu variables; mais, pour les usages courants de la navigation, nous avons adopté les valeurs moyennes suivantes :

$$\text{Établissement du port} \ldots\ldots\ldots\ldots\ldots\ldots\ldots \quad \text{III}^h 33^m$$
$$\text{Unité de hauteur} \ldots\ldots\ldots\ldots\ldots\ldots\ldots\ldots \quad 0^m 95$$

Ayant remarqué que les marées de la baie de Diégo-Suarez concordaient sensiblement avec celles de Brest pour les heures et les hauteurs, nous avons construit les tableaux suivants donnant des valeurs plus précises que les moyennes précédentes.

Tableau N° 3.

CONCORDANCE DES MARÉES DE DIÉGO-SUAREZ
AVEC LES MARÉES DE BREST.

HEURES.

Augmenter des corrections marquées du signe + et diminuer des corrections marquées du signe — les heures des pleines et basses mers de Brest données par l'*Annuaire des marées des côtes de France* et exprimées en temps moyen de Paris, on aura alors les heures des pleines et basses mers à Diégo-Suarez en temps moyen du lieu.

PLEINES MERS.		BASSES MERS.	
HEURES DE BREST EN TEMPS MOYEN DE PARIS.	CORRECTIONS POUR DIÉGO-SUAREZ.	HEURES DE BREST EN TEMPS MOYEN DE PARIS.	CORRECTIONS POUR DIÉGO-SUAREZ.
	minutes.		minutes.
XII^h 0^m	— 12	XII^h 0^m	— 4
30	— 8	30	— 8
I 0	— 5	I 0	— 13
30	— 5	30	— 18
II 0	— 5	II 0	— 21
30	— 6	30	— 24
III 0	— 7	III 0	— 26
30	— 8	30	— 28
IV 0	— 10	IV 0	— 28
30	— 12	30	— 27
V 0	— 14	V 0	— 27
30	— 16	30	— 25
VI 0	— 19	VI 0	— 24
30	— 22	30	— 22
VII 0	— 25	VII 0	— 19
30	— 28	30	— 16
VIII 0	— 30	VIII 0	— 11
30	— 33	30	— 7
IX 0	— 34	IX 0	— 2
30	— 36	30	+ 1
X 0	— 36	X 0	+ 2
30	— 34	30	+ 1
XI 0	— 29	XI 0	— 1
30	— 21	30	— 2

Tableau N° 4.

CONCORDANCE DES MARÉES DE DIÉGO-SUAREZ
AVEC LES MARÉES DE BREST.

AMPLITUDES.

Entrer dans la table ci-dessous avec le coefficient de la marée en centièmes du même jour, donné par l'*Annuaire des marées des côtes de France*.

COEFFICIENTS DE BREST.	AMPLITUDE DE LA MARÉE À DIÉGO-SUAREZ.	COEFFICIENTS DE BREST.	AMPLITUDE DE LA MARÉE À DIÉGO-SUAREZ.
25	0,81	75	1,49
30	0,82	80	1,63
35	0,83	85	1,73
40	0,85	90	1,80
45	0,89	95	1,87
50	0,94	100	1,91
55	1,01	105	1,94
60	1,10	110	1,96
65	1,21	115	1,98
70	1,35	118	1,98

OBSERVATIONS DE LATITUDE.

Suivant le désir exprimé par notre prédécesseur, M. Favé, dont les observations avaient été contrariées par le vent, nous avons fait au pilier d'Antsirana quelques observations de culminations d'étoiles.

La cabane méridienne était alors occupée par le service de la télégraphie optique, et nous n'avons pu en disposer que du 24 au 30 novembre 1888, ce qui nous a permis d'avoir seulement trois séries d'observations qui furent également contrariées par le vent et par les nuages.

Dans le tableau suivant, nous avons appliqué la correction des nadirs face au Nord ou face au Sud suivant que les étoiles ont été observées au Nord ou au Sud.

ÉTOILES.	NADIR.	LECTURES CORRIGÉES.	SECONDES DU NADIR.	HAUTEURS APPARENTES.	RÉFRACTIONS.	HAUTEURS VRAIES.	DÉCLINAISONS.	LATITUDES.
SOIRÉE DU 26 NOVEMBRE (CERCLE À L'OUEST).								
Nadir Nord. . . .	N.	251°29′49″,1	"	"	"	"	"	"
Nadir Sud.	S.	50 ,0	"	"	"	"	"	"
2 ξ Taureau . .	N.	93 6 31 ,8	49″,3	68° 23′ 17″,5	— 21″,9	55″,6	80°39′31″,7	12° 16′ 26″,1
18 e Éridan. . . .	N.	73 55 59 ,8	49 ,6	87 33 49 ,8	— 6 ,3	43 ,5	99 50 11 ,7	28 ,2
23 δ Éridan. . . .	N.	73 37 42 ,1	49 ,9	87 52 7 ,8	— 2 ,1	5 ,7	100 8 28 ,2	22 ,5
34 γ′ Éridan. . .	S.	69 56 39 ,2	50 ,7	88 26 48 ,5	— 1 ,5	47 ,0	76 10 25 ,1	21 ,9
35 λ Taureau . .	N.	95 56 22 ,2	50 ,1	65 33 27 ,9	— 4 ,1	2 ,8	77 49 30 ,3	27 ,5
40 o² Éridan. . .	N.	75 56 28 ,5	50 ,4	85 33 21 ,9	— 4 ,3	17 ,6	97 49 39 ,7	22 ,1
54 γ Taureau . .	N.	99 7 14 ,3	50 ,7	62 22 36 ,4	— 28 ,8	7 ,6	74 38 31 ,6	24 ,0
Nadir Nord. . . .	N.	251 29 51 ,0	"	"	"	"	"	"
Nadir Sud	S.	51 ,4	"	"	"	"	"	"

Moyenne du 26 novembre : 12° 16′ 24″,61 (7 étoiles).

ÉTOILES.	NADIR.	LECTURES CORRIGÉES.	SECONDES DU NADIR.	HAUTEURS APPARENTES.	RÉFRACTIONS.	HAUTEURS VRAIES.	DÉCLINAISONS.	LATITUDES.
SOIRÉE DU 27 NOVEMBRE (CERCLE À L'OUEST). NUAGES ET PLUIE.								
Nadir.	N.	251°29′51″,8	"	"	"	"	"	"
86 γ Baleine. . .	N.	86 32 1 ,4	51″,6	74° 57′ 50″,2	— 14″,7	35″,5	87°14 2″,4	12° 16′ 26″,9
48 e Bélier. . . .	N.	104 39 20 ,7	51 ,4	56 50 30 ,7	— 35 ,9	54 ,8	59 6 17 ,4	22 ,6
92 e Baleine. . .	N.	87 25 8 ,1	51 ,2	74 4 43 ,1	— 15 ,5	27 ,6	86 20 51 ,9	24 ,3
57 δ Baleine. . .	N.	103 4 0 ,4	51 ,0	58 25 50 ,6	— 33 ,7	16 ,9	70 41 40 ,0	23 ,1
Nadir.	N.	251 29 50 ,8	"	"	"	"	"	"

Moyenne du 27 novembre : 12° 16′ 24″,22 (4 étoiles).

ÉTOILES.	NADIR.	LECTURES CORRIGÉES.	SECONDES DU NADIR.	HAUTEURS APPARENTES.	RÉFRACTIONS.	HAUTEURS VRAIES.	DÉCLINAISONS.	LATITUDES.
SOIRÉE DU 28 NOVEMBRE (CERCLE À L'EST).								
Nadir.	N.	251°29′53″,4	"	"	"	"	"	"
86 γ Baleine. . .	N.	86 31 58 ,0	53″,3	74° 57′ 55″,3	— 14″,7	40″,6	87°14′ 2″,4	12° 16′ 21″,8
48 e Bélier. . . .	N.	104 39 21 ,0	53 ,1	56 50 32 ,1	— 35 ,9	56 ,2	59 6 17 ,4	21 ,2
92 a Baleine. . .	N.	87 25 7 ,1	53 ,0	74 4 45 ,9	— 15 ,0	30 ,9	86 20 51 ,9	21 ,0
57 δ Baleine. . .	N.	103 4 1 ,4	52 ,6	58 25 51 ,2	— 33 ,7	17 ,5	70 41 40 ,0	22 ,5
2 ξ Taureau . .	N.	93 6 31 ,5	52 ,3	68 28 40 ,8	— 21 ,5	59 ,3	80 39 21 ,8	22 ,5
23 δ Éridan. . .	N.	73 37 40 ,6	51 ,7	87 52 11 ,1	— 2 ,8	8 ,8	100 8 28 ,6	19 ,8
Nadir.	N.	251 29 51 ,6	"	"	"	"	"	"

Moyenne du 28 novembre : 12° 16′ 21″,47 (6 étoiles).

Si nous faisons la moyenne générale, en donnant à chaque moyenne particulière un poids proportionnel au nombre des étoiles, nous aurons

$$12° 16' 23'',4.$$

M. Favé avec 59 étoiles avait trouvé

$$12° 16' 19'',6.$$

Quoique notre résultat se rapproche un peu plus de la latitude déduite par triangulation de celle du pilier de Nosy Lava (12° 16′ 25″,5), il ne peut avoir le même poids que celui de M. Favé, à cause de son petit nombre d'étoiles (17), mais il pourra entrer en discussion quand d'autres observations se seront jointes aux nôtres.

Ces observations à la lunette méridienne n'ont d'ailleurs pas d'application pratique en ce qui concerne l'inscription sur le plan de la baie de Diégo-Suarez des coordonnées géographiques du point principal. Pour donner plus de cohésion au canevas des différents travaux de M. Favé et des nôtres, nous avons conservé les positions adoptées par notre prédécesseur et qui sont les suivantes :

Latitude du pilier méridien d'Antsirana déduite au moyen de la triangulation de celle du pilier méridien de Nosy Lava :

$$12° 16' 25'',5 \text{ Sud.}$$

Longitude déduite par M. Favé au moyen de sa triangulation de la longitude (45° 57′ 5″,5) adoptée pour le pilier méridien d'Hellville (Nosy Bé) :

$$46° 57' 36'',2.$$

Les observations magnétiques ont fait l'objet d'une note spéciale.

RÉSUMÉ.

Les résultats de la mission que nous avons été chargé de diriger se composent des publications et des instructions suivantes.

PREMIÈRE PARTIE. — CÔTE N. O.

Publications : Carte n° 4858, de *Nosy Valiha aux abords de la baie de Mahajamba* (en cours de gravure), 1.
    Plan n° 4847. — Baie de Moramba, ½ (en cours de gravure).

Instructions sur la côte N. O. de Madagascar. — (Fondues avec celles de M. Driencourt.)

2ᵉ PARTIE. — COMORES.

Le levé sous vapeur de Mohéli a été joint sur la carte n° 4805 à ceux de la Grande Comore et d'Anjouan exécutés par M. le capitaine de frégate Ravel.

Les positions obtenues par transport du temps ont été utilisées sur cette feuille et sur la feuille de plans n° 4806.

3ᵉ PARTIE. — CÔTES S. O. ET OUEST.

Publications : 4715. Plan de la baie de Saint-Augustin, 1.
4817. Plan de la baie de Ranobé, $\frac{1}{4}$.
4833. Carte du cap Saint-Vincent, $\frac{1}{2}$.
4834. Mouillages au cap Saint-Vincent, $\frac{1}{2}$.
4793. Mouillages à la côte Ouest de Madagascar, $\frac{1}{2}$.
4781. Mouillages à la côte Ouest de Madagascar, $\frac{1}{2}$.
4767. Îles Barren et atterrages de Maintirano, $\frac{1}{2}$.

Instructions sur la côte S. O. et Ouest de Madagascar, de Nosy Vé au cap Saint-André.

Sont jointes à ce dossier : 1° une minute au $\frac{1}{200000}$ d'Ampasilava à Morondava qui permettra de corriger la carte n° 1442; 2° la minute de construction du mouillage de l'île de Juan de Nova, à l'échelle de $\frac{1}{25000}$.

4ᵉ PARTIE. — DIÉGO-SUAREZ.

Publications : 4696. Baie de Diégo-Suarez, 1.
4697. Port de la Nièvre et passe, $\frac{1}{2}$.

Instructions sur la baie de Diégo-Suarez.

Il convient d'ajouter au dossier l'exposé des déterminations magnétiques à la côte Ouest de Madagascar et aux Comores, faites pendant toute la durée de notre mission [1].

La somme de temps perdu, par suite du manque de bâtiment, a été considérable, et nous n'avons obtenu ces résultats que grâce à l'empressement bienveillant que nous avons trouvé chez M. le capitaine de frégate Giron, le regretté commandant de la *Meurthe*, et chez M. le capitaine de frégate Valat, commandant de l'*Eure*.

Nous remercions les officiers qui ont été nos collaborateurs et en particulier M. de Perrinelle-Dumay, alors enseigne de vaisseau, qui nous a puissamment secondé dans nos travaux de levé et de rédaction.

[1] *Annales hydrographiques*, 1893, page 205.

Enfin, nous ne saurons jamais assez rendre hommage au dévoûment infatigable, à la collaboration éclairée de notre jeune camarade, M. Fichot; parti de France à peine guéri de la fièvre typhoïde, il a eu, pendant nos vingt-huit mois d'absence, à subir les atteintes d'un climat malsain, notamment à Mayotte où un violent accès de fièvre nous a donné de grosses inquiétudes, et, malgré son mauvais état de santé, résistant aux insistances pressantes des médecins et de ses chefs, a voulu rester quand même à Madagascar et nous seconder jusqu'au bout.

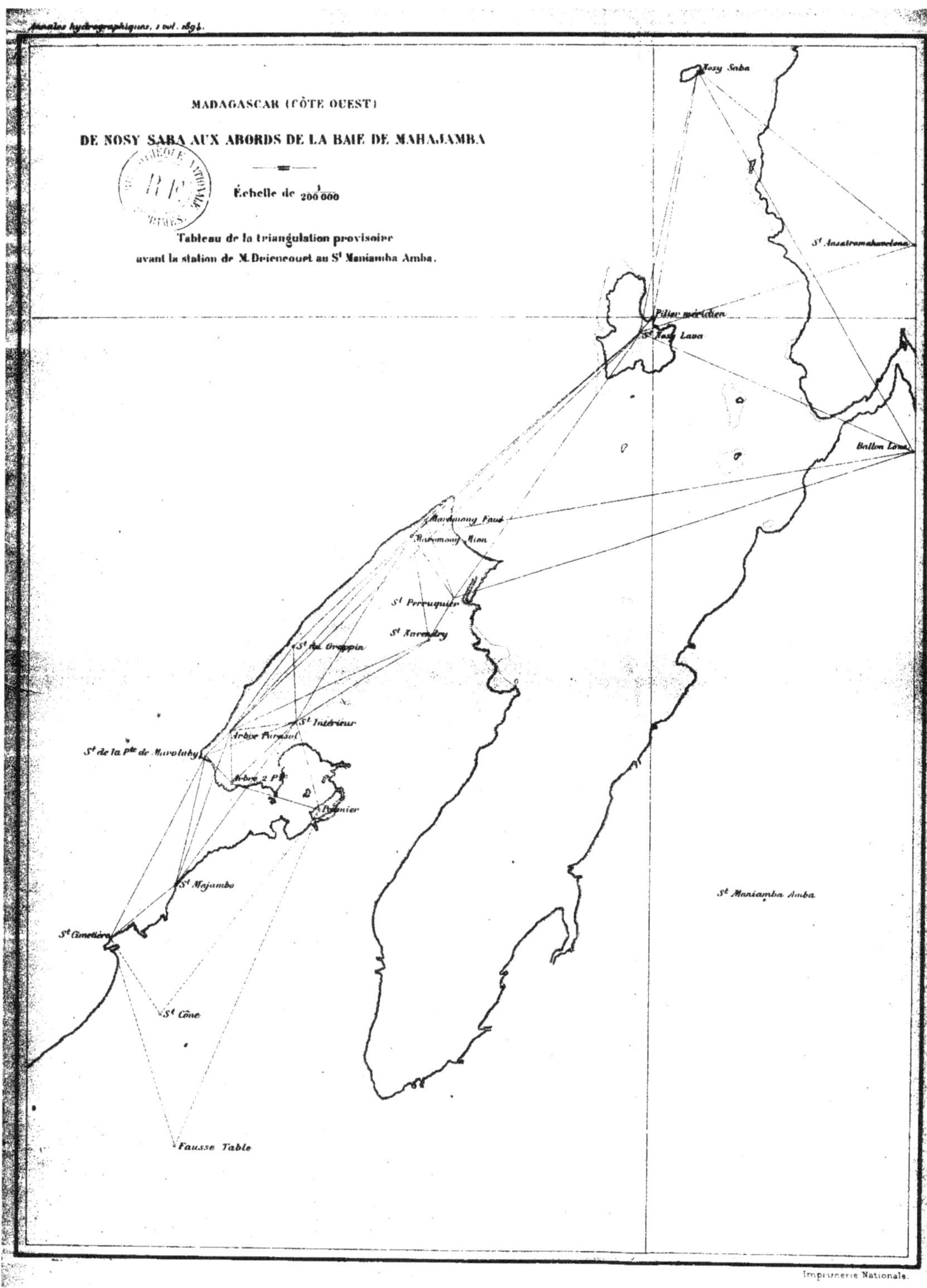

Annales hydrographiques, 1 vol. 1895.
MADAGASCAR (CÔTE OUEST)
DE NOSY SABA AUX ABORDS DE LA BAIE DE MAHAJAMBA
Échelle de 1/200 000
Tableau de la triangulation provisoire
avant la station de M. Driencourt au St Maniamba Amba.
Nosy Saba
St Ansatramahavelona
Pilier méridien
St Nosy Lava
Ballon Lava
Maromony Faux
Maromony Vrai
St Perruquier
St Xaroudry
St Pic Grappin
St Intérieur
Arbre Parasol
St de la Pte de Mavolahy
Arbre 2 Pics
St Palmier
St Majambo
St Maniamba Amba
St Cimetière
St Cône
Fausse Table
Imprimerie Nationale.

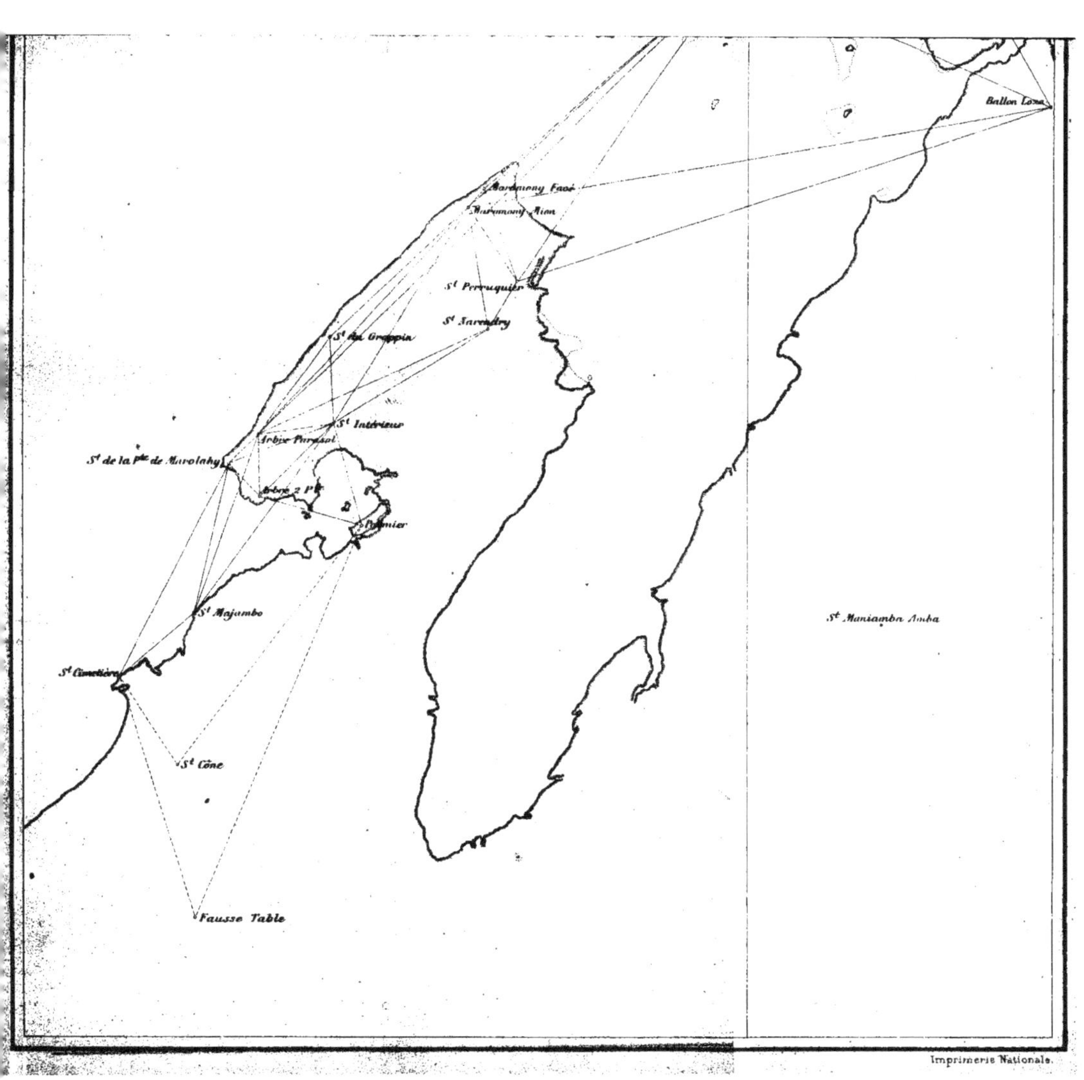

Ballon Loza
Harmony Faré
Harmony Riou
St Perruquier
St Sarindry
St Rn Grappin
St Intérieur
Arbre Parasol
St de la Pte de Marolahy
Arbre 2 Pt
Palmier
St Majambo
St Cimetière
St Maniamba Amba
St Cône
Fausse Table
Imprimerie Nationale.

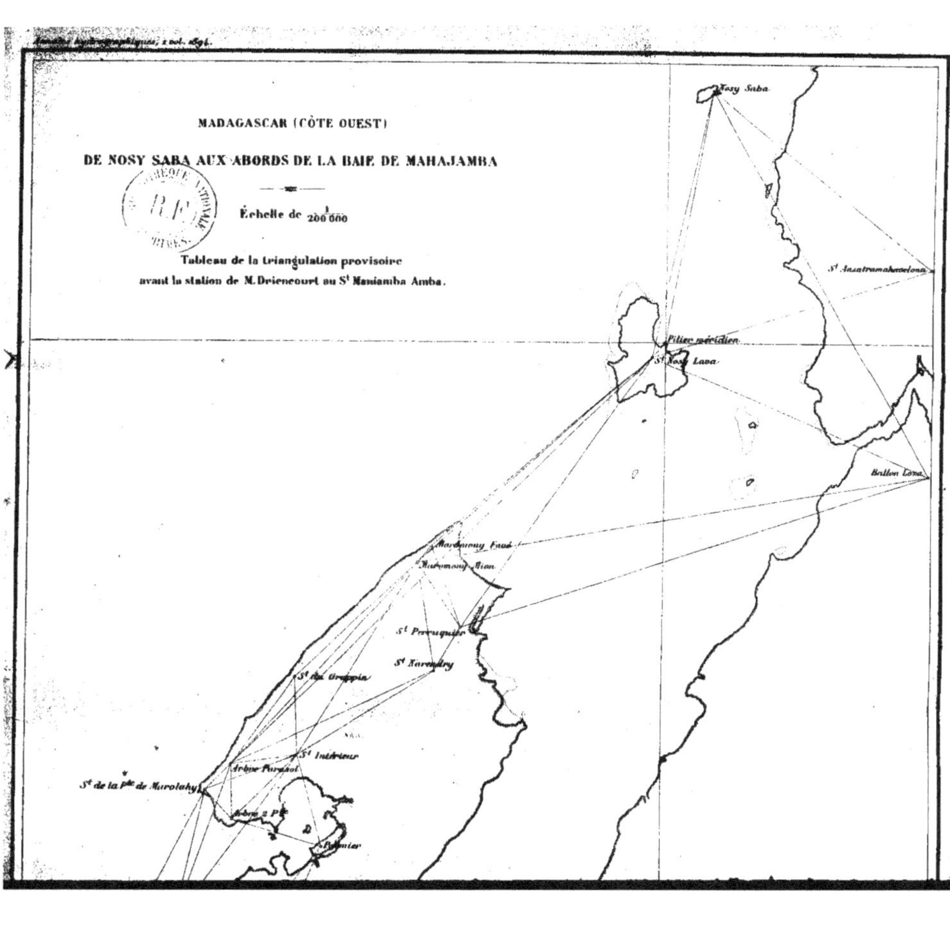

MADAGASCAR (CÔTE OUEST)
DE NOSY SABA AUX ABORDS DE LA BAIE DE MAHAJAMBA
Échelle de 1/200 000
Tableau de la triangulation provisoire
avant la station de M. Driencourt au St Maniamba Amba.
Nosy Saba
St Ansatramahavelona
Pilier méridien
St Nosy Lava
Ballon Lava
Maromony Faud
Maromony Alien
St Perruquier
St Narendry
St du Grappin
St Intérieur
Arbre Parasol
S^t de la P^{te} de Marolahy
Borne 2 P^{er}
D
Premier

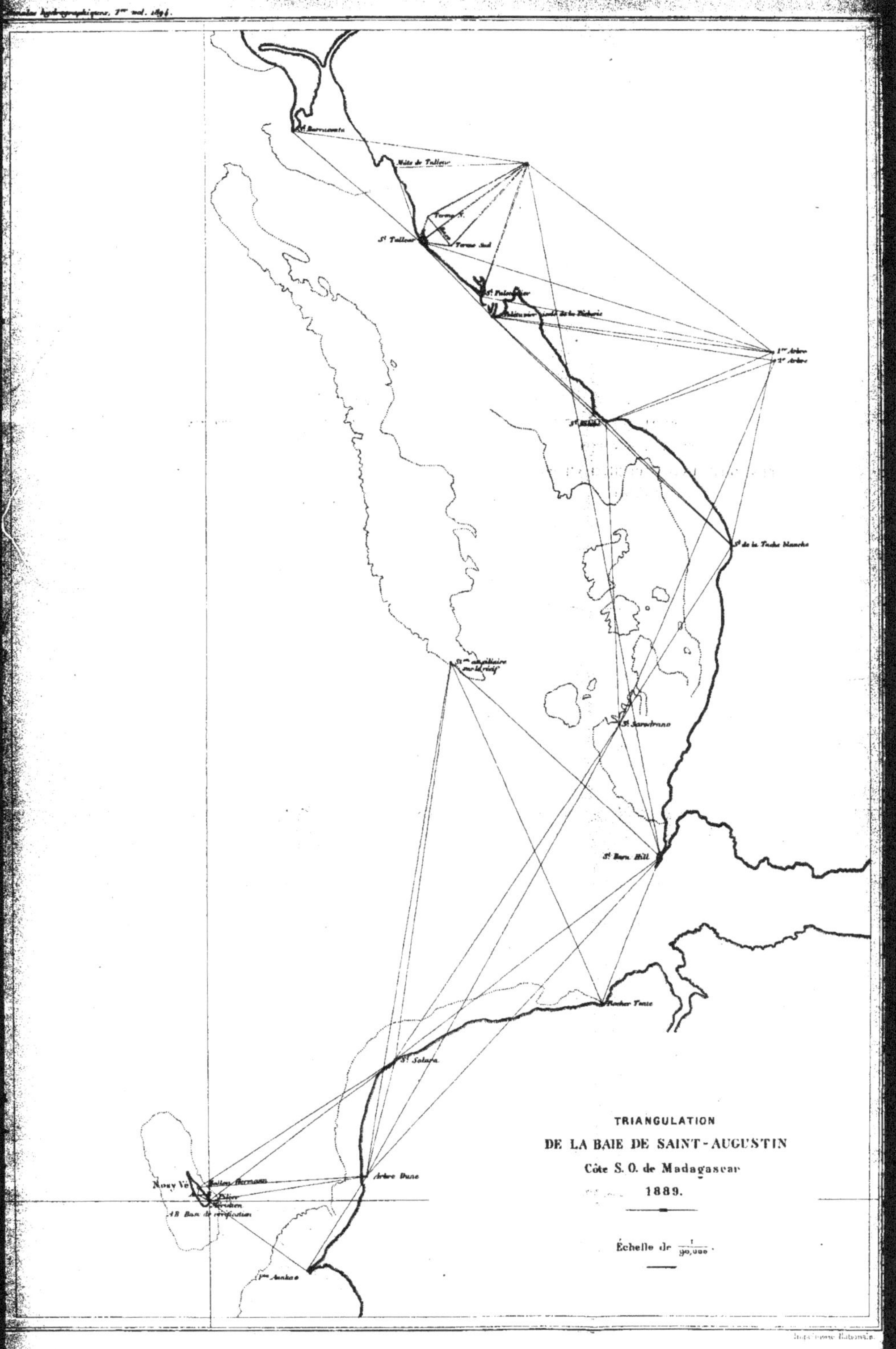
TRIANGULATION
DE LA BAIE DE SAINT-AUGUSTIN
Côte S. O. de Madagascar
1889.
Échelle de 1/90,000

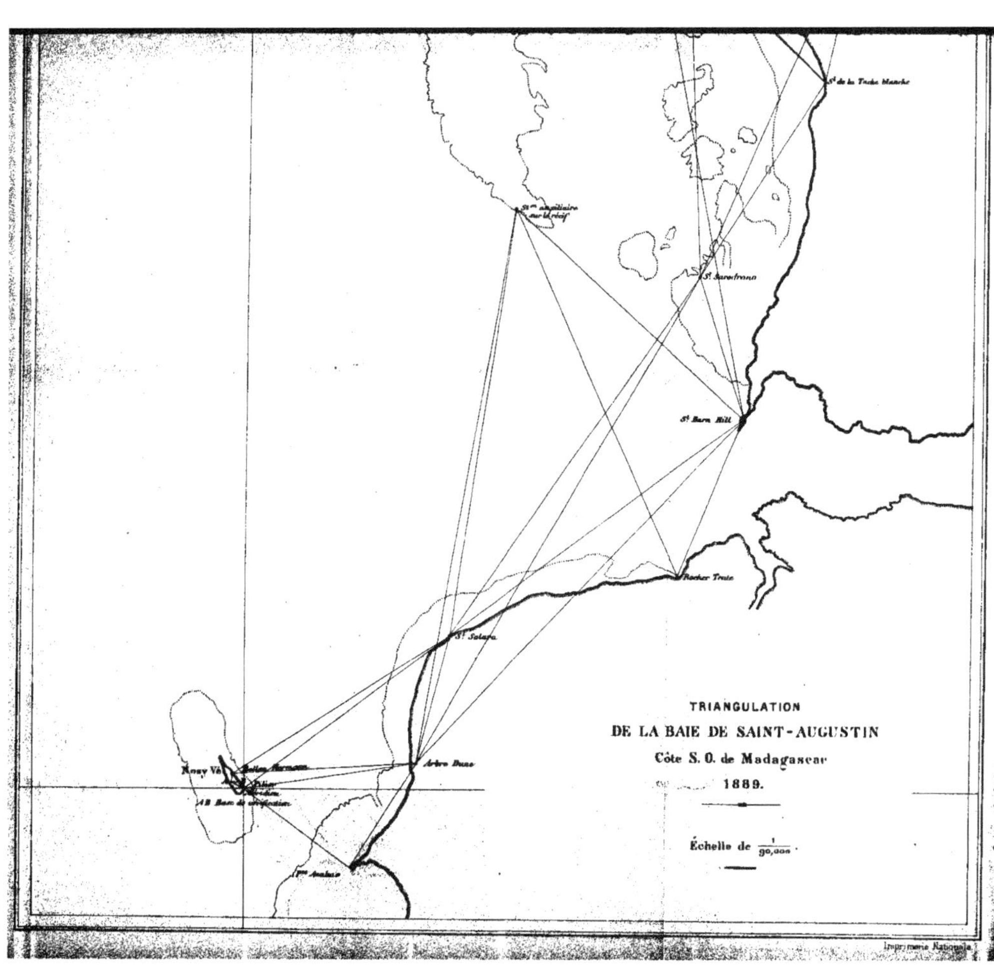

St de la Tache blanche
St auxiliaire sur le récif
St Sarotrann
St Barn Hill
Rocher Troïs
St Satara
Nosy Vé
Baleine Marmotte
Arbre Dans
AB Base de triangulation
Pte Anakao
TRIANGULATION
DE LA BAIE DE SAINT-AUGUSTIN
Côte S. O. de Madagascar
1889.
Échelle de 1/90,000.
Imprimerie Nationale

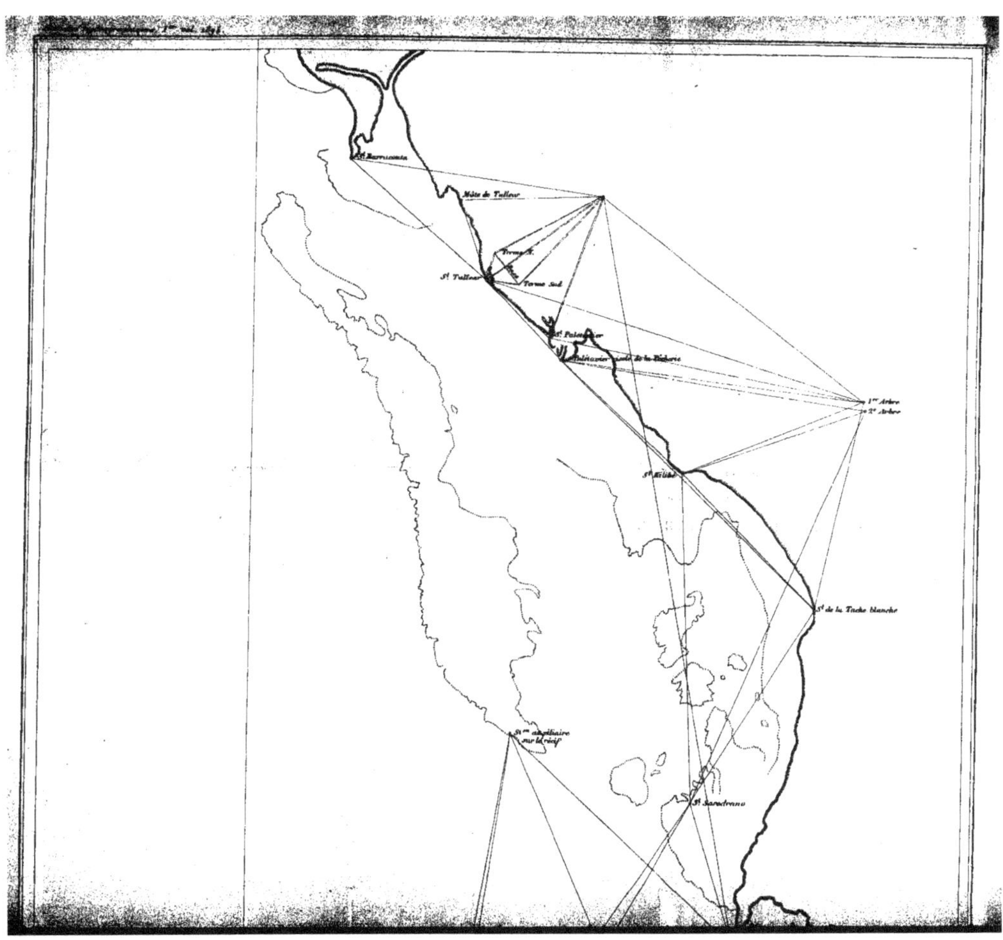

St Barracouta
Môle de Tulléar
St Tulléar
Terme N.
Terme Sud
St Palétuvier
Militaires — École de la Pêcherie
1er Arbre
2e Arbre
St Kilibé
St de la Tache blanche
St n auxiliaire sur le récif
St Sarodrano

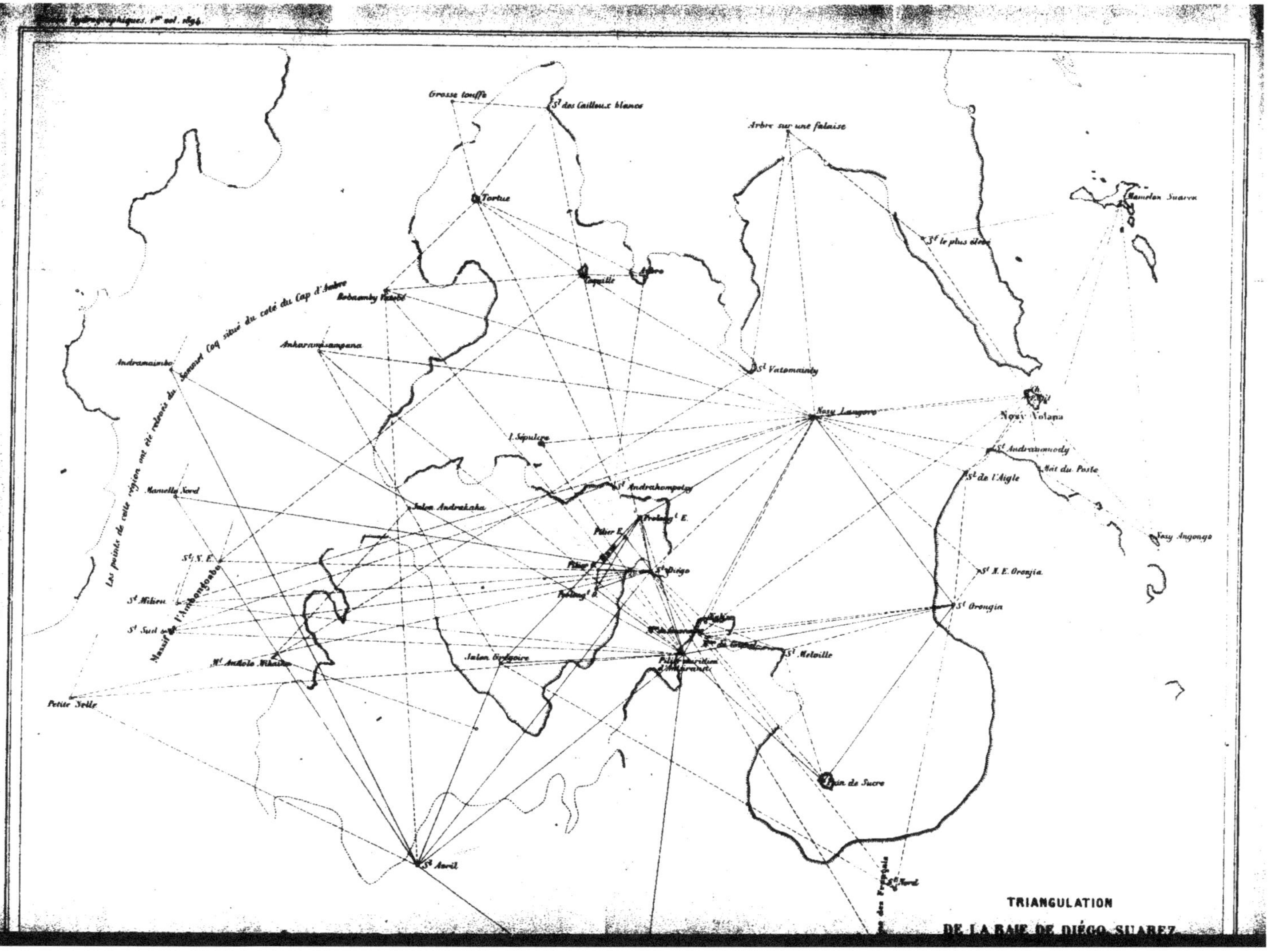

Annales hydrographiques, 1er sol. 1896.
Grosse touffe
St des Cailloux blancs
Arbre sur une falaise
Tortue
Mamelon Suarez
St le plus élevé
Roquette
Arbre
Robcamby Fantsi
Andramaimbo
Anharamisampana
St Vatomainty
Ch.
Nosy Langory
Nosy Volana
Les points de cette région ont été relevés du sommet Coq situé du côté du Cap d'Ambre
I. Sépulcre
St Andravaimody
Mât du Poste
St de l'Aigle
Manelle Nord
St Andrahompotsy
Nosy Angongo
Jilon Andrakinha
Prolong. E.
Pilier E.
St N.E.
Pilier P.
St N.E. Oronjia
St Mikou
Prolong. P.
St Diego
St Oronjia
St Suel de l'Antsomfonbo
Massif de l'Antsomfonbo
Melville
Mt Ankolo Mihaiko
Jilon Grégoire
Petit Mauritim Amborantit
St Melville
Petite Selle
Pain de Sucre
St Avril
Pte des Français
St Nord
TRIANGULATION
DE LA BAIE DE DIÉGO-SUAREZ

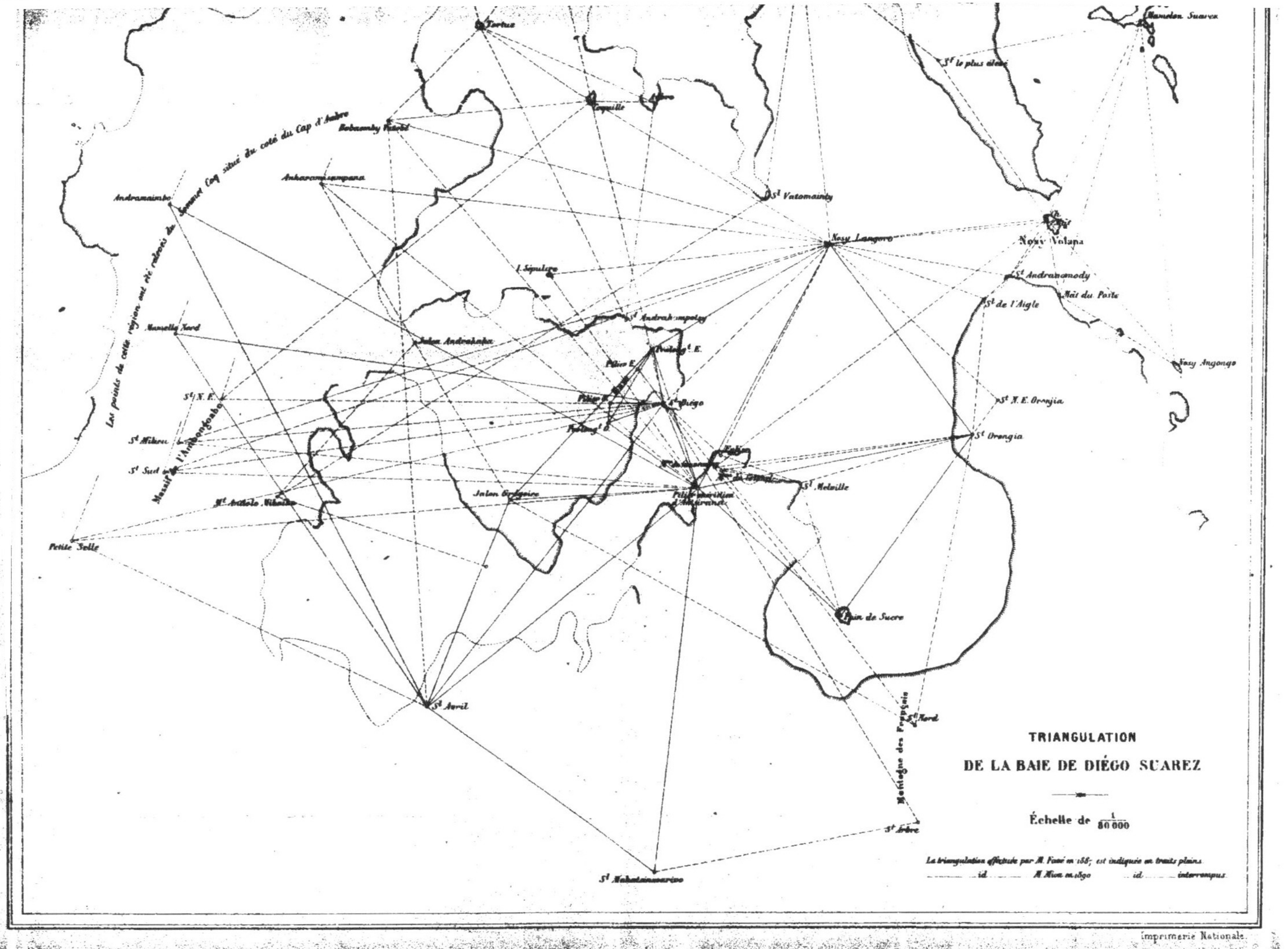

TRIANGULATION
DE LA BAIE DE DIÉGO SUAREZ
Échelle de 1/80 000
La triangulation effectuée par M. Fossi en 188?, est indiquée en traits pleins
id. M. Mion et 1890 id. interrompus
Mamelon Suarex
St le plus élevé
St Vatomainty
Nosy Volapa
St Andranomody
Mât du Poste
St de l'Aigle
Nosy Angongo
St N. E. Orongia
St Orongia
Tortue
Coquille
Babaomby Ratsid
Anharanisampana
Andramainbo
Les points de cette région ont été relevés du Cap situé du coté du Cap d'Ambre
Nosy Langoro
I. Sépulcre
Andrahimpolay
Marselle Nord
Jalan Andrahaha
Pilier E.
Pedang E.
St N. E.
St Mihen
Massif d'Anthongombo
Pilier N.
d. Diego
St Suel
Mt Anthole Nihaiba
Jalon Grégoire
Kalin
Petite Mantirane
St Melville
Petite Selle
Pain de Sucre
St Avril
Montagne des Français
St Nord
St Arbre
St Mahatsinusarivo
Imprimerie Nationale.